JN098755

サッカー
局面を打開する
デキる選手の動き方

林 陵平 [著]
Hayashi Ryohei

日本文芸社

「デキる選手には
戦術眼がある!」

試合で使える技術を磨く

ボールを「止める」「蹴る」「運ぶ」といった基礎技術はサッカー選手にとってのベースです。基礎がなければデキる選手にはなれません。これは、サッカーを始めた初心者はもちろんですが、プロでも同じです。プロはこの基礎を突き詰めてどんな場面でも完璧に扱えるようにならなければなりませんが、今の技術に満足するのではなく高みを目指してもらいたいと思います。

そして、これらの技術を試合でどう使っていくかが重要になります。自分がどういう状況にいるのか。その状況下で複数ある

プレーの選択肢のなかから技術を選びます。最善なものを選べるようになってくると選手としての価値も上がりますし、やれるプレーが増えてきます。

そして、試合では何が行われていて、そのときの状況ですべきプレーとは何なのかを的確に判断し、選択、変更できる能力を養いましょう。これらの能力を戦術眼とも言いますが、トッププロやデキる選手は高い戦術眼を持っています。本書はこれら個人戦術を伸ばすためのヒントが散りばめられています。

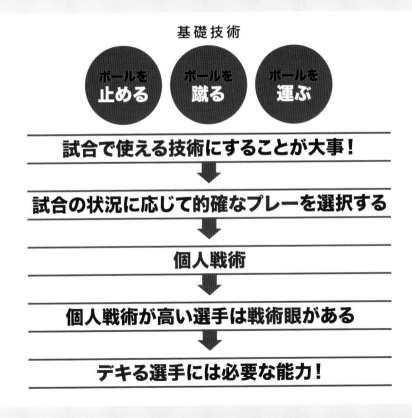

「プレーの優先順位と
後出しジャンケン」

サッカーは相手がいるスポーツ

得意なドリブルで相手ディフェンダーとの１対１で勝負をする。相手を抜けばチームにとってチャンスを作れる場面ではありますが、ドリブルで相手を抜くことがサッカーの目的になってはいけません。重要なのはゴールを奪うこと。得点を取ってチームを勝たせることです。ですのでプレーには優先順位があります。

誰もが意識してもらいたい優先順位の一番が「ゴールを奪うために何をするか」です。実際ゴールを奪えさえすれば戦術などはそれほど重要ではありません。ゴールを奪う術がないので戦術を使うのです。この考え方を間違えないようにしましょう。

当たり前ですが、サッカーは相手がいるスポーツです。自分たちが攻撃しているのなら相手はどんな守備をしてくるのかを見ながら最適なプレーを判断し選択する必要があります。自分たちがこう攻めたら相手はこう守ってくる。そうしたら別の攻め方をしてみて相手の動向を探る。このように相手の守備を見てそれに対応できる打開策があれば、いずれゴールへの道は拓けるでしょう。相手が出してきた手を見て、自分たちが次の一手を打つ。つまり後出しジャンケンでプレーを選択できるようにするためにも、本書の戦術を参考にしながら考え方を整理してみてください。

プレーの優先順位

目的はゴールを奪うこと

⬇

ゴールを奪うためにどうプレーする

⬇

戦術を用いて相手を崩す

ビルドアップ　ショートカウンター　ポゼッション
サイド攻撃　中央突破　など

⬇

チームの戦い方・戦略を持って試合に挑む

「監督やチームの戦術を理解できる選手になろう!」

デキる選手は戦術理解度が高い

プロの世界は同じレベルの選手たちが戦う場です。ですので監督のチームコンセプトや戦術がしっかりしているかどうかで大きく変わってきます。戦い方がはっきりしていないと、良い選手が揃っていたとしても勝てるチームにはならないのです。監督の考えや戦術が浸透しているチームは強いと言えます。

そのため選手は監督のタスクに対応できなければいけません。今まで同じチームで上手くいっていたとしても、監督が変われば戦術もタスクも変わります。変化があったときに対応できるのならば、その選手の戦術理解度は高いと言えます。逆に理解度が低いと監督のタスクを理解できず、能力があっても使いづらい選手となります。そのため、個々における戦術眼は意識を持って高めていかなければいけないのです。

システムも4バックなのか3バックなのか1トップに2トップと様々です。監督が戦略的に選んだシステムに対応できるよう知識を持っておくことも重要ですし、そのシステムでも基本的な動きやポジショニン

グは頭に入れておくようにしたいものです。本書のPART 2からは2つの布陣をベースに動きやプレーを解説していますので、ぜひ参考にしてください。

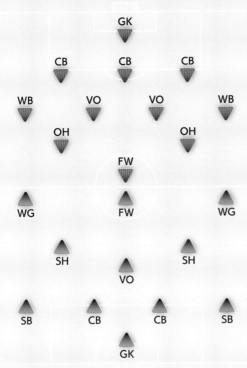

3-4-2-1

ゴールキーパー（GK）
センターバック（CB）
ウイングバック（WB）
ボランチ（VO）
シャドー（OH）
トップ・フォワード（FW）

4-3-3

ゴールキーパー（GK）
センターバック（CB）
サイドバック（SB）
アンカー（VO）
インサイドハーフ（SH）
ウイング（WG）
トップ・フォワード（FW）

※相手チームは4-4-2システムを
　基準にしています。

CONTENTS

INTRODUCTION

PART 1 / デキる選手になるために必要なスキル

PART 2 / ディフェンシブサードでの攻撃戦術

4-3-3のビルドアップ

PART 3 / ミドルサードでの攻撃戦術

PART 4 / アタッキングサードでの攻撃戦術

PART 5 / 守備のチーム戦術

PART 6 / トランジションの戦術

動画の見方

本書の内容の一部は動画と連動しています。該当するページにあるQRコードをスマホやタブレットのカメラやバーコードリーダー機能で読み取り、動画を再生してください。

ココを読み取って再生！

1 カメラを起動
スマホやタブレットのカメラやバーコードリーダーを起動します

2 QRを読み取るモード
「読み取りカメラ」など、QRコードを読み取れるモードにします。機種によっては、自動で読み取ることもできます

3 画面にQRコードを表示
画面にQRコードを表示させ、画面内に収めます。機種によっては時間のかかるものもあります

4 表示されたURLをタップ
表示されたURLをタップすると、動画のサイトに移動します

動画を観るときの注意点

①動画を観るときは別途通信料がかかります。できるだけ、Wi-Fi環境下で視聴することをおすすめします。

②機種ごとの操作方法や設定に関してのご質問には対応しかねます。各メーカーなどにお問い合わせください。

③動画の著作権は株式会社日本文芸社に属します。再配布や販売、営利目的の利用はお断りします。

※QRコードを読み取っての動画閲覧は、予告なく終了する場合がございます。ご了承ください。

※QRコードは株式会社デンソーウェーブの登録商標です。

PART 1

デキる選手になるために
必要なスキル

状況判断とプレーの選択①

サッカー選手に必要なスキル
認知、判断、選択、実行

プレーを一瞬で判断し正しく実行できるのがデキる選手の条件

1 認知

ボールを受ける前に周りの状況を認知する

2 判断

どんなプレーができるのかの判断をしておく

デキる選手は判断力と実行力がある

　高いレベルのテクニックを持っていたとして、それをどう使うか。プレーを判断し正しく実行に移すこと。サッカー選手にとっては一番大事なスキルと言えます。

　周りの状況を知る「認知」、何をするのかの「判断」、どんなプレーをするかの「選択」、そしてそのプレーを「実行」する。これをすべてのプレーで実践できなければデキる選手とは言えません。ボールをもらったとき、運ぶのかパスを出すのか、シュートを打つのか。頭のなかで常に考え判断しプレーするのがサッカーなのです。

パスを受けたときにはプレーを選択できるように

選択したら正しく実行に移す

状況判断とプレーの選択②

パスを受け逆サイドへ展開

中盤でボールを受ける状況

右サイドにボールがありボールホルダーにサポートにいく。ポジションを取るとき周りの状況を見ておく

逆サイドに展開することを選択肢の1つとして考えておく。逆サイドへパスが出せるトラップをする

数あるプレーの選択肢のなかで最善のものが選べるようになるとプレーの質も高まる

ボールを受ける前に自分がフリーなのか、相手は何をしてくるのかを確認しどんなプレーがベストなのか判断する

味方の動きもそうだが、相手を見ながらプレーを選択、実行できるようにしよう。状況によってはプレーキャンセルもある

止める技術①

ボールが自在に止まれば
プレーは簡単になる

トラップの精度、質を高められれば、レベルを何段階も上げられる。

正確なトラップができれば
相手ディフェンダーは
簡単に奪いにこれない!

トラップの質を追求し続けることが大切

トラップやコントロール、ファーストタッチと言われるのがボールを止める技術です。足下にピタッと止めるトラップだけでなく相手ディフェンダーのマークを外すためのトラップなど様々あります。

多くの方は、ボールを止めるという作業はある程度できていると思いがちですが、自分の思い通りに、しかも相手がいるなかで正確に止められるかというとまだまだではないでしょうか。トラップの質を今のレベルより高めていくこと。これがサッカーを上達させる近道です。

ボールを正しく止めることができれば、次のプレーに流れるように進むことができる。ここでミスをしてしまうとプレーに焦りが生じてしまう

止める技術②

基本のトラップ

インサイドで足下に止める

ボールを受ける準備を始める。味方からのパスの強さやコースを
見極める

アウトサイドで止める

アウトサイドのトラップはボールを横に動かすことのできるトラ
ップ。シューズの外側の面でボールを捉えにいく

まずは基本のインサイドとアウトサイドを使ったトラップを身につけよう

動画で CHECK!

インサイドの面でボールを捉える。強いボールなら跳ねてしまわないようボールの勢いを吸収するように調整する

ボールの方向を変えるようにアウトサイドの面で斜め前方にトラップ。体を力ませることなくリラックスした姿勢で行おう

止める技術③

ボールを動かすトラップ

ボールを前に動かすトラップ

相手ディフェンダーがボールを奪いに突進してきたときに、前に
ボールをコントロールしてかわす際に使うトラップ

ボールを横に動かすトラップ

相手ディフェンダーのプレッシャーを横方向にかわすときに使う
トラップ。ファーストタッチでボールの角度を変えていく

相手ディフェンダーをかわす際には
ボールを動かすトラップが有効になる

動画で
CHECK!

ボールをコントロールして次の一歩でボールに触れる範囲を目安
にボールを運んでいく。タッチが強くなりすぎないよう注意

主にインサイドで横か斜め前方にボールをコントロール。タッチ
が浅くならないようしっかり面に当てるように意識する

蹴る技術①

キック精度が高い選手は
チームにとって大きな武器

様々な質のボールを蹴られればパスやシュートの選択肢が広がる

味方へのパスを通すには
タイミングとスピード
コースが大事!

精度とボールスピードがキックに必要なスキル

パスやシュートなどボールを蹴る技術が高い選手がチームにいると得点チャンスはグッと上がります。有能なフリーキッカーがいるかどうかで得点率はまったく違う数値となります。キックの精度はもちろん大事ですが、近年ボールスピードも重要視されています。フォワードに入れる縦パスが足下に速いボールでピタッと入ればチャンスになりますし、サイドからのクロスボールも速いグラウンダーのボールが求められています。精度とスピードが現代のキックスキルのキーワードなのです。

味方へどんな質のパスを出すのかを判断し選択しよう。
味方にどんなプレーをしてもらいたいか、パスにメッセージを込めてみよう

蹴る技術②

基本のキック

インサイドキック

正確なボールも意識しつつ速いグラウンダーのボールが蹴られる
ように、軸足の踏み込みを安定させバランスよく始動する

インステップキック

インステップキックは両手を使いダイナミックなフォームにする。
バランスが崩れないよう軸足の踏み込みはより意識する

まず覚えたいのが基本のキックである
インサイドとインステップだ

動画で
CHECK!

インサイドの面に正しくボールをインパクトさせる。足の振りを
速くすることを意識して大振りしないでボールを蹴る

このキックはインステップで低く速いボールを蹴ることをイメー
ジしている。振りをコンパクトにしてインパクトを意識する

蹴る技術③

ロングキック

インステップでのロングキック

ロングキックは強く蹴ろうとしすぎると力んでかえって飛ばなくなる。体はダイナミックに使うがリラックスさせることも大事

インフロントでのロングキック

サイドからのクロスボールや、逆サイドの裏への浮き球のパスなどにインフロントで蹴るロングキックは有効

前線へのフィードやサイドチェンジ、クロスボールで使うロングキック

動画で
CHECK!

フワリと浮いたボールではなく、ストレートに飛んでいく弾道なら、フィードやサイドチェンジに有効なロングキックとなる

インフロントの面でボールの外側をインパクトしてカーブをかけていく。カーブの曲がり具合はボールへの当て感で調整しよう

運ぶ技術①

判断良くボールを運べれば
仕掛けのキッカケが作れる

ドリブルの使い方によってチャンスにもピンチにもなる

ゴール前でのドリブルは
相手ディフェンダーが嫌がる
有効なプレーだ!

無謀なドリブルをしないように注意する

ボールを運ぶドリブルは使い方次第で攻撃のキッカケが作れます。相手陣内でボールを運んで最後は突破をして崩すというプレーはサッカーの醍醐味の1つです。それだけでなく中盤でボールを運びながら様子を伺うというのも重要なプレーですし、セ ンターバックがボールを持ち出し相手フォワードを剥がせれば仕掛けの起点ともなります。大切なのはボールの運び方と使い方です。無謀なドリブルはチームのピンチを招くことにも繋がりますので、判断を間違えることなくドリブルを活用しましょう。

ゴール前や深い位置でのドリブル突破は相手ディフェンダーにとっては嫌なプレー。ドリブル突破が得意なら有効活用できるようにしたい

運ぶ技術②

基本のドリブル

ボールを前に運ぶドリブル

インステップでボールをタッチしながら前に進んでいくドリブル。
状況に合わせたタッチの強弱が大切だ

方向を変えるドリブル

相手をかわすときに有効なのがボールの方向を変えるドリブルだ。
相手の逆を取る際にインサイドタッチで切り返す

ボールを前に運ぶドリブルと
方向を変えるドリブルは基本中の基本

動画で
CHECK!

ボールを運ぶときは上半身を起こして周りの状況を確認できる姿勢にすることがポイント。ボールばかりを見ないようにする

急激な切り返しで方向を一気に変える。いつでもタッチできるようにボールの置きどころが重要だ

SKILL UP

突破のドリブル

縦に抜くドリブル

縦に抜くドリブルは突破の第一手段。相手ディフェンダーは縦に
抜かれることを嫌がる。縦を武器にできれば優位な状況が作れる

カットインのドリブル

縦のドリブル突破を持っていると、カットインも効いてくる。相
手ディフェンダーとの駆け引きで優位に立てる

攻撃的な選手なら得意な
ドリブルを必ず持っておこう

動画で
CHECK!

スピードで一気に抜くもよし、緩急をつけるのもよし。相手のタ
イミングをズラすのが突破のポイントだ

相手ディフェンダーの足が届かない位置にボールを運んでゴール
に迫る。縦と中の2つのドリブル突破が基本になる

パスを受ける技術①

相手のマークを外して
プレーをするための空間を作る

パスを受けるための基本の動きをマスターしよう

OK!

スペースに斜めに下りる

ボールホルダーからパスをもらうために動き出す。斜めに下りてプレーするための視野の確保と体の向きを作る

Ryohei's
Point

相手のマークを外すためには、最初の動き出しで行きたい方向と逆に一歩踏み出して相手を惑わせる（チェックの動き）

ボールの動き　→
選手の動き　┄┄→
ドリブル　〜→

攻めるゴールに対して前向きになる

どのポジションでもパスを受ける場面は色々あります。マイボール時は相手にケアされていることがほとんどなので、相手のマークを外しフリーでボールを受けなくてはいけません。多く訪れる場面としては相手が背後にいる状況があります。ここでは

マークの外し方を紹介します。重要なのはボールを受けるスペースへの動き方です。ポイントは攻めるゴール方向に前向きの体勢を作れるようにし、広い視野を確保することです。こうすることでプレーをするための空間を作り出すことができます。

NG スペースに直線的に下りてしまう

直線的に下りてしまうと後ろ向きの体勢になり視野を確保することができずプレーの選択肢が少なくなってしまう

Ryohei's Point

相手ディフェンダーがボールを奪いやすい下り方になってしまう

パスを受ける技術②

パスを受けながらターン

アウトサイドタッチで縦に抜く

チェックの動きで相手ディフェンダーのマークを外す。パスを受けるために斜めに下りる

インサイドタッチで相手の逆を突く

上のプレーと同じようにチェックの動きから相手ディフェンダーのマークを外す。次のプレーを考えながら動いていく

相手のマークを外したあとにターンで
前を向ける技術があれば局面を変えられる

動画で
CHECK!

アウトサイドでボールをコントロールしターンをして前を向く。
突破ができればチャンスとなる

インサイドでボールをタッチし方向を変える。ここでのファース
トタッチの精度がプレーの成功を生む

パスを受ける技術③

相手が作るラインの間にポジションを取る

相手の守備のどこにスペースが生まれやすいかを知っておく

ディフェンスラインと中盤のライン間でパスを受ける

中盤の選手が相手のボランチのあたりにポジションを取っている。味方からのパスを受けるためにライン間に動いてパスを受けて前を向く

相手の
ディフェンスライン

CB　　　CB

相手の
中盤のライン

VO　　　VO

Ryohei's
Point

常にライン間にポジションを取ると相手にマークされてしまう。味方がパスを出せるタイミングで動いていこう

ボールの動き ➡
選手の動き ┈➡
ドリブル ⤳➡

ライン間に動けばフリーでパスを受けられる

サッカーはディフェンスライン、中盤のライン、フォワードのラインと横にラインを形成し表します。例えば、4-4-2ならば2CBと2SBで作るディフェンスライン、2ボランチと2SHで作る中盤のライン、2トップのフォワードのラインです。守備側はこのラインを崩さないように守備組織を構築していきますが、じつはラインの間はフリーになれるエリアで、ここにポジションを取ることでボールを受けられます。タイミングよく動けばフリーでしかも前を向いてボールを受けることができるのです。

ライン間に動いていく動き

動画でCHECK!

味方のボールホルダーの様子を見ながらバックステップでライン間に動いていく

相手の4人のちょうど中間の位置で止まる。パスを受ける際に前を向けるならファーストタッチで前を向こう

パスを受ける技術④

ライン間でのNGな動き

ライン間に入らず外れてしまう

相手のラインの間ではなく左右に動いてしまう悪い例。パスコースを自ら消してしまっていることになる

相手の前で受けようとする

相手のライン間に入らず前にボールを受けにいっている悪い例。相手の中盤選手の視野から外れていないので餌食になる

相手にパスカットされてしまう
よくあるNGなポジション取り

動画で
CHECK!

この状態でパスが出ても相手にパスカットされてしまう。受ける
ために動きすぎるのはよくない

この位置でボールを奪われてしまうと、逆に相手のカウンターを
受けてピンチを招く。気をつけたいプレーだ

技術力と判断力、基本のポジショニングを磨く!

1 認知、判断、選択、実行

プレーを瞬時に判断し正しく実行できる能力を磨く

2 止める技術

- ・ボールを自在に止められるようになる
- ・状況に合わせたトラップを身につける

3 蹴る技術

- ・キック精度が高ければチームにとって武器になる
- ・状況に合わせたキックを身につける

4 運ぶ技術

- ・判断良くドリブルができれば仕掛けのキッカケになる
- ・基本のドリブルと突破のドリブルを身につける

5 パスを受ける技術

相手のマークを外して自分がプレーするためのスペースを作りパスを受ける

6 パスを受けるポジショニング

相手が作るライン間にポジションを取る

PART 2

ディフェンシブサードでの攻撃戦術

4-3-3のビルドアップ①

相手の背後を狙えなければ ビルドアップしていく

守備から攻撃に切り替えていくときの基本の考え

攻撃の優先順位は相手の裏

相手からボールを奪った瞬間、まず狙いたいのは相手の背後へのボールだ。ここを第一優先として考えよう

Ryohei's Point

ボールを奪ったら前線の選手は相手CBの背後を常に意識する

ボールの動き ➡
選手の動き ┄➡
ドリブル ⤳

相手の守備は4-4-2で自分たちは4-3-3の布陣

マイボールになったときに優先的に狙うのは相手の背後、つまり裏のスペースです。しかし相手がケアしているのでそう簡単には狙えません。そんな状況では自陣からボールを動かしながら組み立てていくビルドアップをしていきます。

ここでは、相手の守備の陣形を4-4-2と仮定し自分たちのシステムを4-3-3とします。この布陣でのポイントはいかに相手の2トップを剥がせるか。2センターバック（CB）とアンカー（VO）を中心に、その攻略方法を次項から詳しく解説していきます。

4-3-3の布陣で相手は4-4-2

67ページまでは自分たちが4-3-3のシステムで相手を4-4-2の守備陣形と仮定して解説していく

4-3-3のビルドアップ②

2センターバックと アンカーで数的優位を作る

相手2トップに対してパスコースを生み出す方法

ゴールキーパーからのボール出し

GKがボールホルダー。相手の2トップがCBに圧力をかけてくることが多い

Ryohei's Point

ビルドアップに参加できるゴールキーパーでないと現代サッカーでは通用しない

VO

CB　　CB

GK

ボールの動き ➡
選手の動き ┄➤
ドリブル 〰➤

2センターバックとアンカーで三角形を構築

自分たちのゴールキーパー（GK）がボールを持っていると仮定したら、2センターバック（CB）とアンカー（VO）の3人が、相手2トップに対して数的優位な状況、つまり3対2の状況を作ります。ビルドアップのベースとして重要な立ち位置になります。2CBとアンカーで三角形を作るようにポジションを取りパスコースを確保します。GKも入れればトライアングルを作るイメージです。ここから相手2トップの動きからポジションを調整しながら攻略していきます。

トライアングルを作った立ち位置

基本のポジショニングとして、2CBとアンカーで三角形を作る。アンカーは相手2トップの間に立ち位置を取る

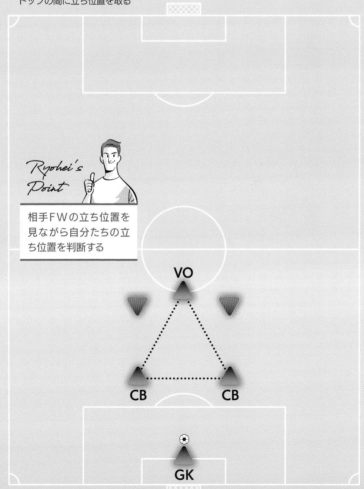

Ryohei's Point

相手FWの立ち位置を見ながら自分たちの立ち位置を判断する

VO

CB　　　CB

GK

4-3-3のビルドアップ③

アンカーが顔を出すため 2CBはズレた位置に立つ

パスコースを生み出す2センターバックのポジショニング

OK!

2CBは相手FWを広げるための ポジションを取る

相手の2トップが2CB
をケアするのであれば、
相手を広げるために外側
にズレた位置に立ち、
GKからアンカーへのパ
スコースを作る

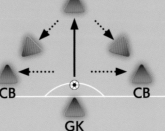

Ryohei's Point

相手2トップがアンカー
をケアしたら2CB間の
パスコースが生まれる

VO

CB　　　CB

GK

ボールの動き ➡
選手の動き ┅➤
ドリブル 〰➤

アンカーへのパスコースを生む動き

　アンカー（VO）は相手2トップの間に顔を出してパスをもらえる立ち位置を取ります。相手2トップはそこへのパスコースを消そうとしてくるでしょう。アンカーは捕まってしまいますが、2センターバック（CB）のポジショニングで凌ぐことができ

ます。2CBは相手2トップをアンカーから引き離しその間にスペースを作るため、外側にズレた位置にポジションを取ります。相手2トップがCBに寄ってくればアンカーへのパスコースが生まれ、寄ってこなければCB間のパスコースが生まれるのです。

NG　相手を広げないとアンカーへのパスコースが生まれない

2CBが相手2トップに捕まったままだとアンカーへのパスコースが作れずボールを奪われてしまう。2CB同士のパスも狙われてしまう

Ryohei's Point

どう相手を動かすかを考えながらポジションを取ろう

VO

CB　　CB

GK

4-3-3のビルドアップ④

相手がパスコースを背中で消したらインサイドハーフが連動

相手に数的同数を作られてしまったときの対処法

相手FWがCBとアンカーのパスコースを消しにきた

相手フォワード（FW）が右CBとアンカーのパスコースを背中で消してきた。局面で2対2の同数の状況を作られてしまう

Ryohei's Point

相手のプレスの仕方でどう動けばいいかシミュレーションしておこう

SH

SB

VO

CB

CB

ボールの動き ➡
選手の動き ┈➡
ドリブル ➡

インサイドハーフが連動しながら下りる

どちらかのセンターバック（CB）がボールホルダーとなったときに、相手の2トップが2CBとアンカーのパスコースを背中で消しにきたとします。このような守備をしてきたら中盤の連動が必要です。インサイドハーフ（SH）がタイミングよく下りてビルドアップに絡んでいくのが大切になります。数的優位な状況で進めていくのがベースですが、相手の守備によって数的同数である2対2の状況を作られてしまったら周りの選手がサポートに入り局面を打開していきましょう。

インサイドハーフが連動して動きパスコースを作る

周りの選手がサポートの動きをすることで劣勢になりそうな局面を打破する。SHが連動して落ちてきてそこに縦パスを入れていく

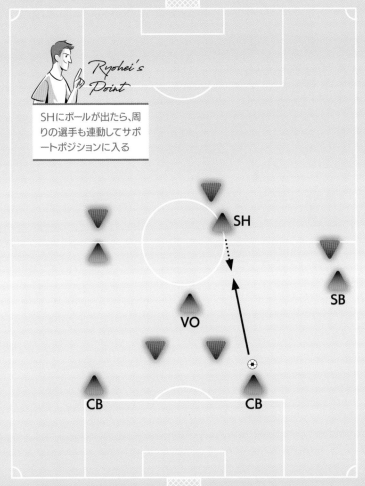

Ryohei's Point

SHにボールが出たら、周りの選手も連動してサポートポジションに入る

4-3-3のビルドアップ⑤

インサイドハーフにボールが出たら 3対2の状況を作る

サポートポジションに入る入らないの結果

OK!

インサイドハーフに対して サポートポジションを取る

Ryohei's Point

相手の2ボランチに対してアンカーとSHの3対2の局面を作るようにポジションを取ろう

SHにボールが出たときに、タイミングよくサポートに入ればボールをつないでエリアを前進されられる

SH

VO

SB

CB

ボールの動き ——→
選手の動き ·····→
ドリブル ——→

ボールホルダーへは必ずサポートに入る

センターバック（CB）からインサイドハーフ（SH）へボールが出たら周りの選手はサポートポジションに動きます。左図のように、アンカーが瞬時にサポートポジションに動くことで、今度はこの位置で数的優位な状況でボールを運ぶことができるのです。プロでもよく見かけますが、SHへのサポートのタイミングが悪くSHが孤立し、ボールを奪われるもしくは下げるしかなくなるというプレーに陥ってしまう。ボールホルダーに対してのサポートは最重要ポイントになります。

連動しないとサポートポジションを取れない

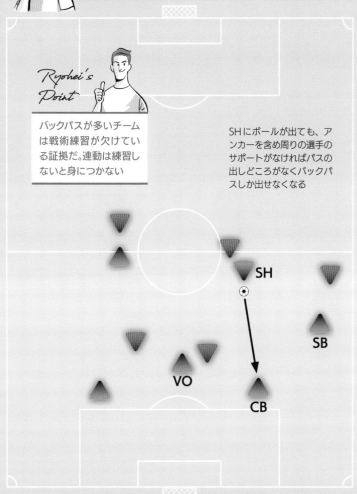

Ryohei's Point

バックパスが多いチームは戦術練習が欠けている証拠だ。連動は練習しないと身につかない

SHにボールが出ても、アンカーを含め周りの選手のサポートがなければパスの出しどころがなくバックパスしか出せなくなる

SH

SB

VO

CB

4-3-3のビルドアップ⑥

サイドバックは相手を見てポジションを取る

ポジション別のサポート位置のコツ

外にポジションを取る場合

相手SHが中に絞ってきたら、右SBは相手とズレる位置である外側にポジションを取るといい

Ryohei's Point

5レーンなどの考えがあるがレーンだけを意識すると相手の立ち位置を見なくなるので注意

SH

VO

SB

CB

ボールの動き ➡
選手の動き ┈┈➤
ドリブル ➤

相手守備者からズレた位置に立つ

ビルドアップを成功させるには常に状況を見てボールホルダーに対してサポートしてあげること。これはどのシステムを用いたとしても同じです。そして、相手守備者からズレた位置に立つことも大切です。

例えば、ここまでと同じシチュエーションで右サイドバック（SB）は、マークに付いている相手サイドハーフ（SH）の位置取りによって、外に立つのか中に立ち位置を取るのかを決めます。相手を見ながらズレた位置にポジションを取ることができればパスコースは自ずと生まれます。

中にポジションを取る場合

相手SHが外をケアする立ち位置を取ってきたら、右SBは中にポジションを取る。ズレを生み出せばパスコースは生まれる

Ryohei's Point

その場面場面でどんな動きをすることが最善なのかを状況判断しよう

SH

VO

SB

CB

インサイドハーフが ポジションを取るタイミング

ボールをもらいに下りるタイミングと状況

自分の前のスペースを見る

相手FWがアンカーを背中で消しながらボールホルダーのCBにプレスをかけにいく。こうなるとSHの前のスペースが空く。この状況なら下りてボールを受けに行ってもいい

Ryohei's Point

自分の前のスペースが生まれたかどうかをプレー中は常に見ておこう

SH

VO

SB

CB

ボールの動き ➡
選手の動き ┅➡
ドリブル ➡

動き出しのタイミングは相手のプレス次第

センターバック（CB）がボールを持ったときにインサイドハーフ（SH）はどのタイミングで動き出すのがよいのでしょうか。このタイミングは相手の立ち位置や状況によって多少の違いは出てきますが、基本的にはCBからアンカーへのパスコースを消されたときと、ボールホルダーのCBへ相手が詰めてきたときになります。相手のプレスのかけ方を見ておいて、もしアンカーが空いているならSHは下りる必要はありません。相手次第で動く位置やタイミングが変わることを知っておきましょう。

NG SHの前のスペースを消されてしまっている

CBとSHのパスコースに相手FWがポジションを取ったら下りるスペースが塞がれていることになる。この状況で下りてもパスはもらえない

Ryohei's Point

相手のプレスによってはアンカーへのパスコースが空くことも見ておきたい

SH

VO   SB

CB

4-3-3のビルドアップ⑧

4-3-3のシステムでは ライン間で受ける

インサイドハーフが前めでボールを受けたいその理由

SHがライン間に立てばビルドアップで数的優位を作れる

SHがライン間にポジションを取れば相手のボランチは前に出づらくなる。そうすれ
ばビルドアップ時の3対2の状況を作り出せる

Ryohei's Point

SHの優先順位はライン
間に動くこと。ただ状況
を見ながらポジションを
取ろう

SH

SB

CB

GK

ボールの動き ➡
選手の動き ┄┄➡
ドリブル 〰➤

インサイドハーフがライン間でプレーすることが重要

4-3-3システムの良さはビルドアップで相手の2ボランチの裏でボールを受けられるポジションに、インサイドハーフ（SH）が立てること。つまり相手の最終ラインと中盤のラインの間のゾーンでボールを受けられるということが特徴です。ですので前項で解説した下りるという動きは、プレーの優先順位として1番ではありません。あくまでもSHはライン間でボールを受けるためにここのゾーンに留まりたい。そうすれば相手ボランチを引っ張れ自陣での数的優位を作ることにもつながります。

相手ボランチが前に出なければアンカーがフリーになれる

相手のボランチはライン間にいるSHを見ておく必要がある。前には出て
これないのでアンカーがフリーになる場面が増える

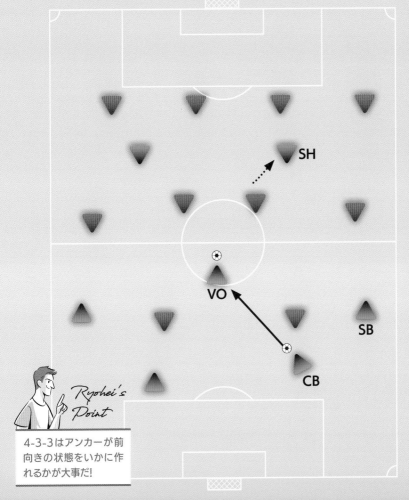

Ryohei's Point

4-3-3はアンカーが前向きの状態をいかに作れるかが大事だ！

4-3-3のビルドアップ⑨

アンカーのポジショニング

OK!

アンカーは動きすぎないことでパスコースが作れる

センターバック同士でパスを回してビルドアップしている。アンカーはプレーを見ながら立ち位置を調整

NG

動きすぎるとパスコースを作ることができない

ボールの動きに合わせて左右に動いてしまう悪い例。相手ディフェンスの背中に自ら隠れにいっている

4-3-3システムのカギとなる
アンカーのオフザボールの動き

動画で
CHECK!

ボールの動きに釣られず、相手2トップの間にポジションを取る。
ボールホルダーが顔を上げたときにパスコースに入っておく

ボールホルダーとのパスコースが作れないので縦パスは相手に引
っかかる。動き過ぎには要注意だ

4-3-3のビルドアップ⑩

相手を引き付ける
CBのドリブルは重要

現代サッカーでセンターバックが持つべき技術

ボールを運ぶエリア・コースを判断する

Ryohei's Point

相手に奪われたら失点につながるエリアだということを忘れずに判断しよう

相手FWを引き付けることができればアンカーはフリーになる。そんなときは相手に向かってドリブルをして、アンカーへのケアができなくなるところまで引き付けてパスを出そう

ボールの動き ➡
選手の動き ┈➤
ドリブル ↘

VO

CB

CB

相手ディフェンスを誘い出すドリブル

　同じテンポでパスをつないでいても、相手を誘い出せず前にボールを運べない場面があります。そんな状況で有効なのがドリブルです。ビルドアップではセンターバック（CB）がボールを前に持ち出し相手を誘ってからパスすることで、受け手をフリーにしたりラインを1つ上げることにつながります。例えば右CBとアンカー（VO）の間にいる相手FWを誘い出すようにドリブルします。アンカーをケアする相手をこちらに向けて、しかも向かってくることで足を止めアンカーをフリーにさせるのです。

視野を広げた姿勢でドリブルする

運ぶドリブルは周りの状況を認知できる姿勢でないといけない。顔が下がると相手を確認できずプレスを受けてボールを奪われてしまう

4-3-3のビルドアップ⑪

相手がマンツーマンで来たら裏にボールを入れる

フリーが生まれない？　マンツーマンディフェンスの穴

相手がマンツーマンで守備をしてきた場合

下図のように相手が4-4-2の守備システムの場合、最終ラインを崩さないとしたらマンツーマンで押さえにきても、SHはフリーになる計算だ

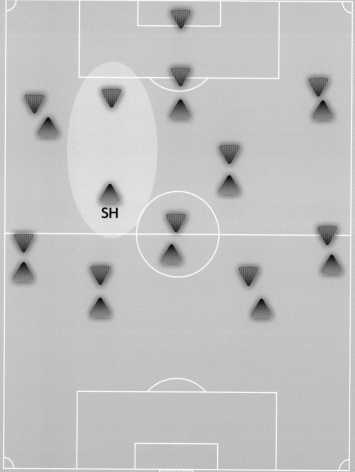

SH

ボールの動き ➡
選手の動き ┄➡
ドリブル ↘➡

どこかしらに必ずフリーな選手は生まれる

相手がマンツーマンで守備をしてきたとしても、どこかしらにフリーな選手は生まれます。相手が4-4-2でこちらが4-3-3ならどちらかのSHがフリーになるケースが出てきます（左図）。相手の2ボランチで中盤の3人を見ることができないからです。

では、最終ラインは4人いるので1人余ります。しかし後ろの4枚を崩すことは考えにくく、そうなると相手は3バックで対応してくる可能性が出てきます。数的同数になったらこっちのものです。裏にボールを入れて勝負させればいいだけの話です。

裏にボールを入れてしまえば相手は困る

もし相手CBがSHにマークしてきた。そうしたら3バックと3トップ。数的同数なので前線に放り込んでフォワードに勝負させれば得点の可能性はグンと上がる

SH

CB

Ryohei's Point

相手がマンツーマンディフェンスをしてきたからと焦ってプレーせず、冷静に状況判断すれば道は見えてくる!

3-4-2-1のビルドアップ①

ビルドアップで 数的優位を作れる

数的優位な状況が作りやすい3バックシステム

3バックの左右が相手FWの脇からボールを運ぶ

相手の2トップに対して3CB＋ゴールキーパー（GK）でビルドアップができるのが特徴。数的優位を作れ左右のCBが相手FWの脇からボールを運んで剥がすことができる

Ryohei's Point

チームの戦術がきちんとあれば連動したビルドアップになる。チームでどうプレーしていくかを考えよう

ボールの動き ➡
選手の動き ┅➡
ドリブル 〰➡

CB　CB　CB

GK

相手の守備が4-4-2で自分たちは3-4-2-1の布陣

　ここからは、相手の守備の陣形を4-4-2と仮定し自分たちのシステムを3-4-2-1と3バックにした場合のビルドアップを解説していきます。

　この布陣のポイントは、相手FW2人に対して3センターバック（CB）なので数的優位を作りながら組み立てができること。狙いは相手2トップの脇からボールを運ぶことになります。

　CBがボールを前に運べれば相手FWは剥がせます。1つ前のエリアに入ってからの仕掛けができるのです。

3-4-2-1の布陣で相手は4-4-2

77ページまでは自分たちが3-4-2-1のシステムで相手を4-4-2の守備陣形と仮定して解説していく

3-4-2-1のビルドアップ②

相手の2ボランチが来るか?来ないか?

相手のプレスの仕方によるビルドアップ方法①

相手の2ボランチがFWとともにプレスに来る場合

相手の2ボランチがプレスに連動してきたら背後のシャドーへのスペースが空く。そこを狙いとする

Ryohei's Point

プレスに来たからと前に放り込むだけの戦術だと進化は生まれない

OH

VO

CB　　CB　　CB

ボールの動き　→
選手の動き　┅┅▶
ドリブル　　⌇▶

3CBと2VOで台形の形にポジションを取る

　3バックでのビルドアップは、3人のセンターバック（CB）と2ボランチ（VO）の5人が台形に立つことが基本の形です。相手2トップがどんなプレスをかけてくるかにもよりますが、数的優位な状況なのでそれほど焦る必要はありません。ボランチ2人がコントロールして顔を出しながらボールをさばいていきます。このときに、相手の2ボランチがプレスに連動して来るのか来ないのかで狙いは変わります。来るなら背後のシャドーが空き、来ないならボランチはフリーで前向きを作れます。

相手のボランチがプレスに来ない場合

相手の2ボランチが相手FWのプレスに連動して来ないのなら、ボランチが前向きでプレーができる

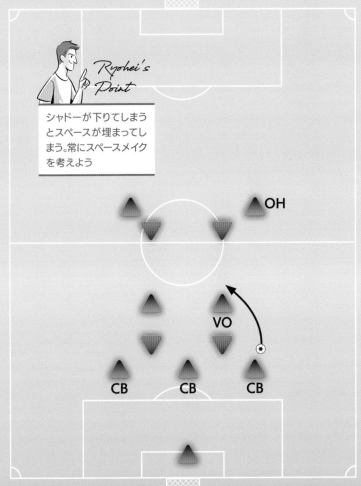

Ryohei's Point

シャドーが下りてしまうとスペースが埋まってしまう。常にスペースメイクを考えよう

OH

VO

CB　CB　CB

3-4-2-1のビルドアップ③

相手のSHがプレスに来たら
ウイングバックがサポート

相手のプレスの仕方によるビルドアップ方法②

相手SHがCBにプレスをかけにきた

相手のSHがボールホルダーの右CBにプレスをかけにきた。周りの選手はサポートポジションを取って逃げ道を作る必要がある

Ryohei's
Point

サポートの連動は事前にトレーニングを積んでおかないと成功しない。戦術練習は必須だ

VO　VO

WB　WB

CB　CB　CB

ボールの動き ➡
選手の動き ┅➡
ドリブル ↘

センターバックが受ける圧力を逃してあげる

　相手は様々なプレスの仕方をかけてきます。例えば、3センターバック（CB）と2ボランチ（VO）に対して相手の2トップに加えサイドハーフ（SH）も連動してきたとします。この状況になると3CBの左右が圧力を受けます。こうなったときの対処法としてはウイングバック（WB）がサポートに入ることで解決できます。

　WBがCBのパスコースを確保できるポジションまで連動して下りサポートできれば、相手のプレスから逃げられる道が生まれます。

ウイングバックはパスコースを確保する

右のWBは右CBにボールが渡るタイミングに連動させてポジションを取る。パスコースを作るために下りてくる

チームとして相手のプレスに対する解決方法を事前に決めておけば回避することができる

3-4-2-1のビルドアップ④

WBに相手SBがマークに来たら裏のスペースが空く

相手のプレスの仕方によるビルドアップ方法③

OK!

相手の最終ラインを釣り出せれば裏を狙える

右WBがサポートポジションに入ったときに相手の左SBが食いついてきた。そうすると右サイドの裏のスペースが空くのでそこを狙えばいい

OH

WB

CB

ボールの動き ➡
選手の動き ┈➡
ドリブル ⟿

相手の最終ラインに穴を空ける

前項でウイングバック（WB）がサポートに入る説明をしましたが、このときに相手のサイドバック（SB）がWBに付いてきたとしたら、パスを出した瞬間にハマってしまいます。一気にピンチになりそうな場面ですが、相手の最終ラインが前に出て

きたとなれば必ず後ろにスペースが生まれます。左図のように相手の左SBが出てきたら右裏のスペースが空きます。そこを狙えば逆にチャンスになるのです。これらの戦術が整理されていないと、ただ放り込むだけのサッカーになってしまいます。

NG

ハマってしまったときに
適当に蹴るのは避けたい

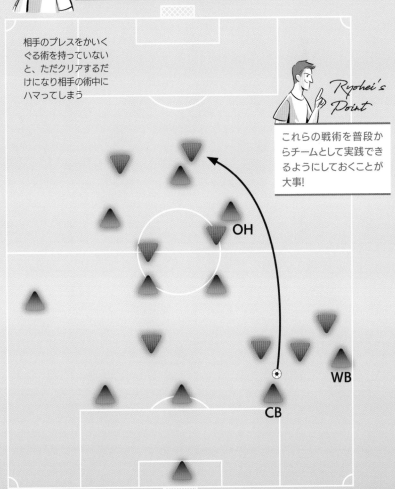

相手のプレスをかいくぐる術を持っていないと、ただクリアするだけになり相手の術中にハマってしまう

Ryohei's Point

これらの戦術を普段からチームとして実践できるようにしておくことが大事!

OH

WB

CB

3-4-2-1のビルドアップ⑤

WBが引っ張りピン留めし そこにシャドーが落ちる

相手のプレスの仕方によるビルドアップ方法④

ウイングバックがライン際、高い位置にポジションを取る

WBがラッチライン際の高い位置にポジションを取る。このようなポジションを取ることで右サイドにスペースが生まれる

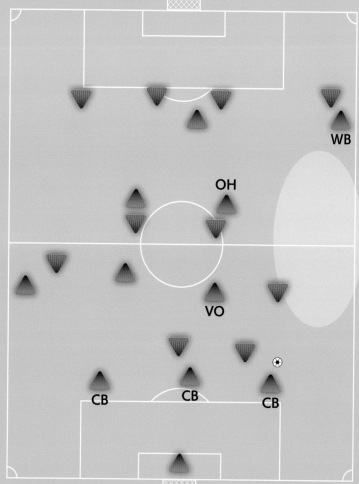

ボールの動き　➡
選手の動き　┅➡
ドリブル　➡

相手を誘導させてかわしていく

　ここまでに紹介したプレスの回避法はま
だまだあります。例えばウイングバック
（WB）を高い位置にピン留めします。WB
に相手のサイドバック（SB）が必ず付い
ていくのでサイドのスペースが空きます。
そこのスペースにシャドー（OH）が下り

てセンターバック（CB）からのボールを
受けます。このように相手のプレスに合わ
せるだけでなく、自分たちのポジショニン
グで相手を誘導させて突破していく方法も
とても効果的です。きちんと連動すれば気
持ちよくボールを動かせます。

相手をピン留めすればスペースが生まれる

できたスペースにシャドーが落ちて、タイミングよくCBからパスが通る。連動する
ことでボールを前に運ぶことができる

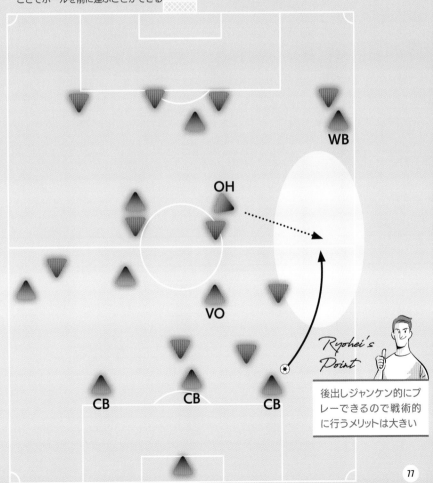

後出しジャンケン的にプ
レーできるので戦術的
に行うメリットは大きい

自陣からボールをつないで組み立てるビルドアップ

1 4-3-3のビルドアップ

- 守備から攻撃に切り替えるときの考え方
- 数的優位を作ってビルドアップしていく
- 味方が連動してボールをつないでいく
- ボールホルダーに対してサポートに入る
- 相手を見ながらポジションを取る
- ライン間を意識してポジショニング
- 相手を引き付けるドリブルの技術

2 3-4-2-1のビルドアップ

- ビルドアップでの数的優位を作りやすい3バック
- 相手のプレスによるビルドアップの方法
- センターバックが受ける圧力を逃がすポジショニング
- 相手を釣り出せば裏のスペースを狙える
- ウイングバックを高い位置に置いた戦術

PART 3

ミドルサードでの
攻撃戦術

4-3-3の仕掛け①

中盤にボールが入ったとき
最優先は相手の背後を狙うこと

中盤のラインを攻略する方法

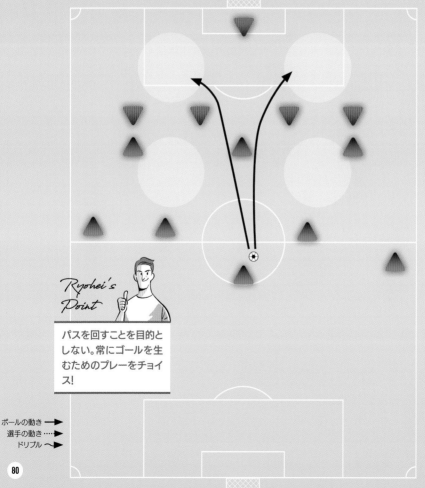

つなぐことよりも優先順位は相手の裏

アンカーがボールを前に運び出せたら次に狙うのは最終ラインの裏や相手VOの背後になる。アタッキングサードへの侵入を考えよう

Ryohei's Point

パスを回すことを目的としない。常にゴールを生むためのプレーをチョイス!

ボールの動き ➡
選手の動き ┄➤
ドリブル ➤

ライン間を広げる作業をしていく

ビルドアップでボールを動かし相手フォワード（FW）のラインを突破できたら次の段階に入ります。アンカーが前を向いてボールを運べたとしたら、次に狙うのは相手の2ボランチ（VO）の背中を取ること。最終ライン前までボールを運んでいくこと

になります。そのためには最終ラインと中盤のラインの間を広げる必要があります。そのための動き出しを前線の選手やサイドの選手は意識します。ここでも相手の守備陣形が4-4-2で自チームが4-3-3の場合での崩し方を解説していきます。

4-3-3の布陣で相手は4-4-2

103ページまでは自分たちが4-3-3のシステムで相手を4-4-2の守備陣形と仮定して解説していく

4-3-3の仕掛け②

前線の選手は背後を狙う アクションを起こす

ライン間を広げるためのオフザボールの動き

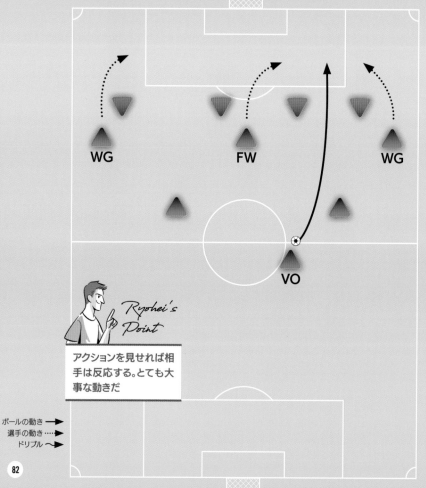

トップの裏への飛び出しは大事なプレー

中盤のボールホルダーが前を向いたら、まず考えるのが相手の裏へのパス。トップの選手も裏へのランニングを見せることで相手の最終ラインが下がる

WG

FW

WG

VO

Ryohei's Point

アクションを見せれば相手は反応する。とても大事な動きだ

ボールの動き ➡
選手の動き ┄➤
ドリブル ➤

ボールホルダーが前向きなら狙うは背後

相手の最終ラインと中盤のラインの間であるライン間を広げるには何をするべきなのか。一番は前線のフォワード（FW）の背後へのランニングです。FW が足下でボールを受けようと下りてくると、ライン間が狭まり狙ったプレーができないだけでな

く相手の守備をコンパクトにさせてしまう。ですので、ボールホルダーが前向きを作ったときに、3トップがまずは背後を狙う。このランニングがあることによって相手の最終ラインが下がってライン間が生まれることにつながります。

裏への飛び出しで仕掛けができている

相手ディフェンスラインの背後を狙うことで最終ラインを下げさせることができる

動きがないと味方がボールを奪われてしまう

前線の動き出しがないとプレーが遅れてボールホルダーも詰められてしまう

4-3-3の仕掛け③

フォワードの背後を狙う動き

OK!

相手ディフェンスを下がらせる動き

味方がボールを奪ったシーン。ここで前線がアクションを起こすことが大事

NG

裏を狙わないとライン間が狭まってしまう

トップが動き出さず止まったりボールを受けに下りてくると相手の守備の餌食になりやすい

コンパクトに守りたい相手守備陣を
広げさせる前線の動き出し

動画で
CHECK!

オフサイドにならないよう斜めにランニングして相手の背後を狙う。パスが出せなくてもライン間を広げることに成功

トップにボールが出せたとしてもディフェンスラインがコンパクトなので相手のプレスバックで囲まれてしまう

4-3-3の仕掛け④

背後(奥)があるから
手前でプレーできる

ライン間でボールを受けるための順序

ライン間でボールを受けるコツ

4-3-3はSHがライン間で受けることが大事。そのためには前線の選手たちがアクションを起こさないといけない

FW

WG

WG

SH

SH

VO

Ryohei's Point

ボールホルダーがフリーなら常に背中を取るように!

ボールの動き ➡
選手の動き ┈➡
ドリブル ⤳

「奥」があるから「手前」にスペースが生まれる

ライン間でボールを受けようとしたときインサイドハーフ（SH）がポジションを取ろうとする。このときよくある問題点が前線が動かずボールを見てしまうことです。3トップが動かずにスペースを作り出すことはできません。ライン間（手前）でボールを受けたいのであれば、必ず背後（奥）を狙わないといけないのです。

奥があって手前があります。奥を狙い最終ラインが下がる。SHがフリーになったらそこを使って攻撃を仕掛けていくという順序が重要になります。

背後への動きをすればライン間は空く

奥へのアクションがあって、はじめて手前のライン間が広がり使える

4-3-3の仕掛け⑤

サイドで前向きを作れた ときのWGとSBの関係性

サイドを崩すための攻撃パターン①

ウイングにボールが渡ったとき

WGに前向きでボールが渡ったとき、SBはオーバーラップをかけてサポートし2対1の状況を作る

WG

SB

Ryohei's Point

サイドで数的優位が作れれば一気にアタッキングサードに侵入できる!

ボールの動き ➡
選手の動き ┈┈➤
ドリブル ➤

相手のサイドバックに対し2対1の数的優位を作る

　中央ではなくサイドで、サイドバック（SB）の選手が相手の中盤のラインを越えられたのなら、ウイング（WG）との関係性で崩していくのがいいでしょう。相手のSBに対して2対1の数的優位を作れるようにポジショニングしていきます。4-3-3の システムはサイド攻撃を構築しやすく、WGとSBのコンビネーションだけでなく、インサイドハーフ（SH）も絡んだユニットで崩しが計算できます。WGに突破力に秀でた選手がいれば、相手SBとの1対1を作り出すのも有効な手段です。

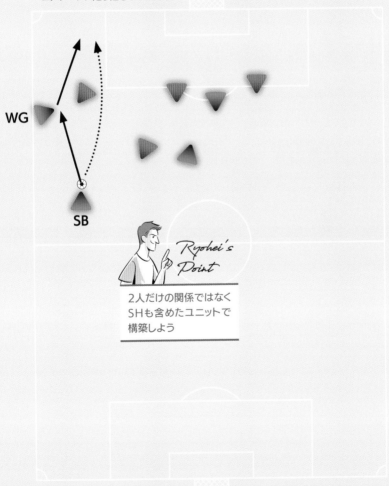

サイドバックにボールが渡ったとき

SBがボールを持ったとき、一度WGにボールを預けてからインナーラップを仕掛けニアゾーンに走り込むなどが効果的

WG

SB

Ryohei's Point

2人だけの関係ではなく
SHも含めたユニットで
構築しよう

4-3-3の仕掛け⑥

ウイングが持ったときの
SBとSHのサポートの動き

サイドを崩すための攻撃パターン②

OK!

サイドの3人でローテーションを組む

WG

SH

SB

WGがボールを持った
ときにSBがオーバーラ
ップしたらSHはサポー
トポジションに入る。3
人がローテーションする
ように連動して動いてい
く

Ryohei's
Point

3人がポジションを旋回
していくと相手は捕まえ
づらくなる

ボールの動き ➞
選手の動き ┄➞
ドリブル 〰➞

インサイドハーフと3人でユニット化

ウイング（WG）がボールを持ったときに、サイドバックがランニングで前に動いて数的優位な状況を作ることを前項で説明しました。そのときにインサイドハーフ（SH）のサポートの動きを連動させることで、スムーズなポジションチェンジと仕掛けができるようになります。左図のようにSBが上がりWGが中にポジションを取ったらSHはWGの後方に動いてSBが抜けたエリアをカバーします。または仕掛けが停滞したときに今後はSHが前に動くなどすれば相手は捕まえづらくなります。

NG

ランニングがないと孤立した状態になる

WG

SH

Ryohei's Point

WGに突破力があるなら、相手との1対1の状況を作り出してあげることも大事!

SB

WGがボールを持ったときに前へのランニングもサポートの動きもないと、WGは孤立して相手に囲まれてしまう

4-3-3の仕掛け⑦

サイドバックのサポートがある①

> サイドバックのオーバーラップを生かす

ウイング（WG）が中盤からパスを受けて前向きの状態で相手サイドバック（SB）と正対した

SBがサイドをランニングしているので、この局面で2対1の状況を作り出せた

サイドでウイングがボールを受けたときの
サイドバックのオーバーラップ

動画で
CHECK!

相手SBに向かうようにボールを運んで味方のオーバーラップ、
サポートを待つ

自分で突破するかSBを使うか。ここでは相手を引き付けてから
SBへのパスを選択した

4-3-3の仕掛け⑧

サイドバックのサポートがある②

サイドバックのオーバーラップをオトリに使う

中盤からパスを受けて相手サイドバック（SB）と1対1の状況

オーバーラップしてきたSBを使うのか、それともドリブル突破するのか

サイドでウイングがボールを受け
サイドバックをオトリに使うプレー

動画で
CHECK!

後方からSBがオーバーラップしているので2対1を作れている

ここではSBをオトリに使いカットインでのドリブル突破を選択
した

4-3-3の仕掛け⑨

インサイドハーフのサポートがある①

ワンツーでディフェンスを突破する

ウイング（WG）がタッチライン際でボールを受けた。インサイドハーフ（SH）がサポートポジションに動く

WGはパスを出したら止まることなく動き出す。SHとのワンツーの準備

ウイングがサイドでボールを受け
インサイドハーフとのワンツーで突破

動画で CHECK!

相手SBと2対1の状況を作れている。ここでのプレー選択は
SHへのパス

相手SBの背後を取れたのでアタッキングサードに突破ができた

4-3-3の仕掛け⑩

インサイドハーフのサポートがある②

> インサイドハーフをオトリに使って縦にドリブル

中盤からパスを受けたウイング（WG）は相手サイドバック（SB）
との1対1

SHとのコンビネーションを使うか、それともドリブル突破か。
ここではドリブル突破を選択した

ウイングがサイドでボールを受け
インサイドハーフをオトリに使う

動画で
CHECK!

インサイドハーフ（SH）がサポートポジションに入り2対1の
状況を作り出した

SHへのコンビネーションがあると相手SBに思わせるボールの
持ち方をすることで、相手SBの対応が遅れやすくなる

4-3-3の仕掛け⑪

トップへボールが入ったら インサイドハーフが前を向ける

サイドバックからのトップへの縦パス

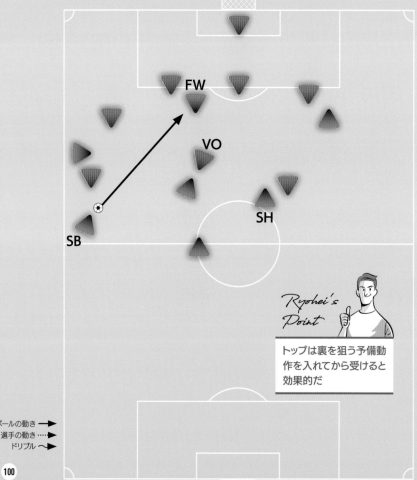

相手ディフェンスの守備のスライドが遅れた

左SBがボールを持ったときに相手VOの守備のスライドが遅れるとトップへのパスコースが生まれる

FW

VO

SH

SB

Ryohei's Point

トップは裏を狙う予備動作を入れてから受けると効果的だ

ボールの動き ➡
選手の動き ┅➤
ドリブル 〰➤

相手ボランチの守備のスライドが遅れた状況

サイドバック（SB）が前向きでボールを受けたときに、ここまではサイドでの仕掛けの説明をしてきましたが、もし中央にいるトップへの縦パスが狙えるのならゴールに近いところへボールを運べることになるのでプレーの選択肢の1つとして持っておきましょう。トップを狙う際は相手ボランチ（VO）の守備のスライドが遅れた場合に使えるものです。相手の守備の綻びを見逃さずに効果的な縦パスが入ればライン間でインサイドハーフ（SH）が前向きでボールを受けられます。

インサイドハーフが前を向けば攻撃が加速する

トップにボールが入れば、インサイドハーフがライン間で前向きでボールを受けられる

Ryohei's Point

トップはボールを収めるための技術を持っておきたい

ライン間で前向きを作る

4-3-3の仕掛け⑫

トップのポストから仕掛け

バイタルエリアにいるトップにくさびのパスが入る。インサイドハーフ（SH）がサポートポジションに動く

ライン間でボールを受けたSHは前向きでプレーができる。ゴールへの選択肢が広がる

トップへのくさびのパスが入ると
ライン間で前向きでボールを受けられる

動画で
CHECK!

トップはSHにボールを落とす。落とすだけで終わらずプルアウェイの動きで横に広がっていく

ワンタッチでトップへスルーパス。前線でのコンビネーションが成功した例だ

とても

3-4-2-1の仕掛け①

ウイングバックの個での剥がしが仕掛けのカギ

厚みのある攻撃ができる3バックの布陣

ウイングバックが攻撃の起点

サイドで攻守において役割を担うのがWB。WBが個で相手を剥がせないと攻撃が停滞してしまう

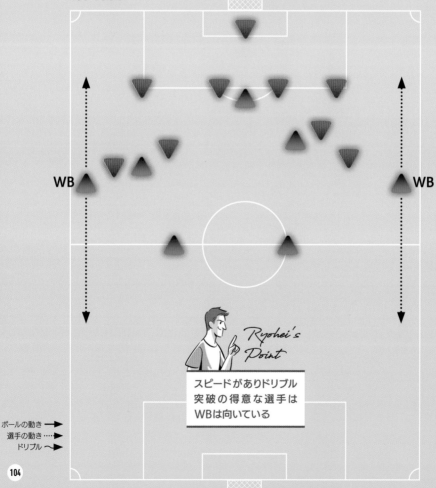

WB　　WB

Ryohei's Point

スピードがありドリブル突破の得意な選手はWBは向いている

ボールの動き ➡
選手の動き ┈➤
ドリブル ➤

104

ウイングバックに対してサポートしてあげる

自チームが3-4-2-1の布陣にした場合、重要なのがウイングバック（WB）の突破力です。4-3-3の場合は、ウイング（WG）とサイドバック（SB）の2人がサイドにいますが、3バックになるとWBの1人でサイドを使います。ですので、WBに1対1の個が強く、対応する相手を剥がせるかどうかがポイントになってきます。そのため、WBに対してシャドー（OH）やボランチ（VO）がサポートしてあげる。攻守においてWBを孤立させないようにチームとして考えることが大切です。

3-4-2-1の布陣で相手は4-4-2

111ページまでは自分たちが3-4-2-1のシステムで相手を4-4-2の守備陣形と仮定して解説していく

3-4-2-1の仕掛け②

5トップのポジションを取れるかどうか

ウイングバックのポジショニングとサポート①

ウイングバックが高い位置を取って5トップにする

攻撃時にWBが相手の最終ラインまで高い位置を取る。トップとシャドーと合わせて5トップを作る

Ryohei's Point

WBが高い位置を取ることで、相手SBをピン留めすることにもつながる

ボールの動き ➡
選手の動き ┈➡
ドリブル ➡

相手サイドバックがどう動くかでポジションを調整

　ウイングバック（WB）は攻撃時はサイドの高い位置にポジションを取って、トップ（FW）とシャドー（OH）とともに5トップを形成することもあります。5トップにする利点は相手陣内に人数をかけて攻撃に厚みを生み出せることです。ただ攻撃

のときにどんなときでも高い位置かというとそうではありません。やはりマークに付く相手サイドバック（SB）の動向によって変えていきます。相手SBがどう守ってくるかによって、上がる、下がるの立ち位置を調整することが大事になります。

相手がどう動くかでプレーが決まる

相手SBがディフェンスラインを崩さないのでWBが下がっても付いてこない。そうしたら下りてフリーでパスを受ければいい

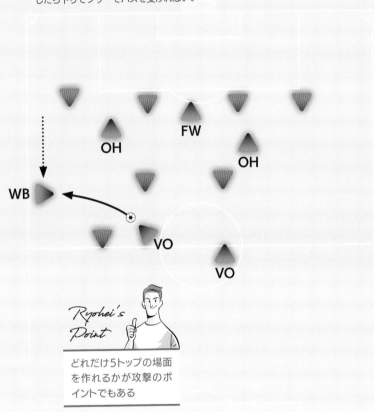

Ryohei's Point

どれだけ5トップの場面を作れるかが攻撃のポイントでもある

3-4-2-1の仕掛け③

2ボランチにすることで
WBへのサポートが早くなる

ウイングバックのポジショニングとサポート②

WBにボールが入ったら同サイドのボランチがサポート

3-4-2-1のメリットの1つがWBにボールが入ったときに同サイドのボランチが早く
サポートに入れること

Ryohei's
Point

こういう場面になったら
こう動くという決め事が
あれば対応できる！

ボールの動き ▶
選手の動き ┄▶
ドリブル 〜▶

同サイドのボランチは必ずサポート

ウイングバック（WB）にボールが入ったときの約束事としては、同サイドのボランチ（VO）は必ずサポートに入ることです。相手VOはシャドー（OH）を見ておくので、サポートポジションに入ったVOはフリーな位置を取れます。そこでボールを受けられれば逆サイドへの展開ができ、攻撃の目線を変えることができます。ピッチの幅も最大限に使えるのもWBを置いているメリットです。2VOの布陣にしているのでサポートのスピードも1VOより早くできるのも大きな特徴です。

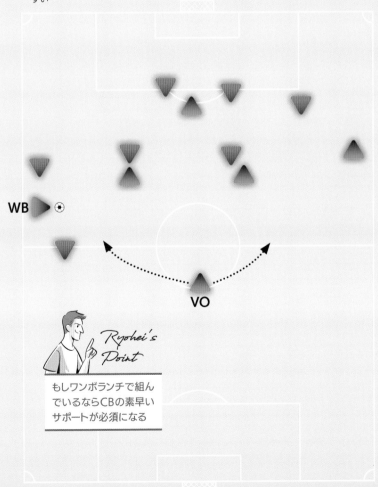

ワンボランチだとサポートに時間がかかってしまう

ワンボランチの布陣だと、WBへのサポートの距離が広すぎて対応が遅れてしまいやすい

WB

VO

Ryohei's Point

もしワンボランチで組んでいるならCBの素早いサポートが必須になる

3-4-2-1の仕掛け④

2ボランチが前向きになったら ライン間を上手く使う

ウイングバックのポジショニングとサポート③

VOに対して相手VOがケアしてきた

前向きでボールを持ったVOに、相手のVOが寄せてきた。この動きによってライン間が広がる

Ryohei's Point

相手の出方によって対処するためにも戦術トレーニングは欠かせない

ボールの動き ➡
選手の動き ┅➤
ドリブル ➤

相手のディフェンスを予測して対処する

ウイングバック（WB）からボランチ（VO）にボールが出たときに相手のVOがシャドー（OH）のマークを外して前に出てきたとします。この状況になったら攻撃の狙いの1つであるライン間が広がります。シャドーがライン間でボールが受けられれば崩しのスイッチが入ります。もしシャドーに対し相手のセンターバック（CB）が出てきたら背後を狙えばいいのです。このように、相手ディフェンスがしてくることを予測して決め事を決める。そうすれば悩まずプレーすることができるのです。

ライン間でシャドーがボールを受ける

相手VOが出てきたのでライン間が広がった。シャドーがポジション調整しライン間でボールを受けたらチャンスが生まれる

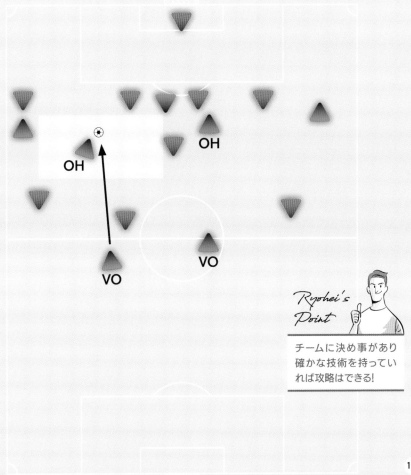

Ryohei's Point

チームに決め事があり確かな技術を持っていれば攻略はできる!

相手陣内に攻め込む 仕掛けのプレー

1 4-3-3の仕掛け

- 仕掛けの最優先は相手の背後を狙うこと
- 前線の選手は背後を狙うアクションを起こす
- 背後を狙うから手前のライン間にスペースが生まれる
- ウイングとサイドバックで数的優位を作る
- ウイング、サイドバック、インサイドハーフでユニット化
- ウイングがボールを持ったときのサポート
- サイドバックからトップへの縦パスを起点にする

2 3-4-2-1の仕掛け

- ウイングバックが攻撃のキープレーヤー
- 5トップのポジションを取る
- 2ボランチだとウイングバックへの サポートに素早く入れる
- 2ボランチが前向きを作れたらライン間を使う

PART 4

アタッキングサードでの攻撃戦術

4-3-3の崩し①

5つの攻撃パターンを使い分けて崩していく

ディフェンスを崩す攻撃の方法

> ### 崩しはシンプルなほうが成功する

ライン間で前向きでボールを持ったら、相手の最終ラインを下げるために背後を常に狙っていく

Ryohei's Point

攻撃パターンを複数持っておけば崩しがイメージできる

ボールの動き ➡
選手の動き ┅➤
ドリブル 〰➤

最終ラインの背後のランニングは必須

　ディフェンスと中盤のライン間にボールが入ったら残すはゴールを決めにいくだけです。フィニッシュで一番シンプルなのは最終ラインの背後を狙うこと。相手がどれだけラインを下げてもゴールエリア付近まで下げることはありません。ですので、ペ

ナルティエリアにランニングで侵入し相手をできるだけ下げさせることが重要になります。ここのゾーンに来たら前線の選手だけでなく2列目の選手も飛び出していきましょう。次項からおすすめする5つのフィニッシュパターンを紹介します。

4-3-3の布陣で相手は4-4-2

この章は自分たちが4-3-3のシステムで相手を4-4-2の守備陣形と仮定して解説していく

4-3-3の崩し②

サイドで2対1の
数的優位な状況を作る

5つの攻撃パターン①

ウイングとサポート選手で2対1のシーンにする

WGが前向きでボールを受けたら、SBやSHが連動してサポートに入る。サイドで数的優位を作り出す

SB

FW

SH

WB

Ryohei's Point

WGは突破ができる最善の方法を判断しよう

ボールの動き ➡
選手の動き ┈➡
ドリブル 〰➡

味方のサポートを連動させる

アタッキングサードで攻撃が停滞する場面はよくあります。これを打開するために5つの攻撃パターンをチームで共有しましょう。まずは、サイドでの2対1です。PART3でも解説しましたが、サイドで2対1の優位な状況を作ることで深い位置まで

での突破がしやすくなります。ウイング（WG）がボールを持ったらサイドバック（SB）がオーバーラップをして追い越す動きをしたり、インサイドハーフ（SH）がサポートポジションに入ってコンビネーションを使うなど連動させることが重要です。

インサイドハーフのサポートで2対1

SHがサポートに来ることで2対1の状況を作れる

サイドバックのオーバーラップで2対1

SBがオーバーラップすること2対1の状況を作れる

4-3-3の崩し③

ウイングにボールが渡ったら ポケットにランニング

5つの攻撃パターン②

タッチライン際でウイングにボールが渡った

ポケットとはペナルティエリアの左右の外側のエリア。WGにボールが渡ったら、
ここへのランニングは効果的

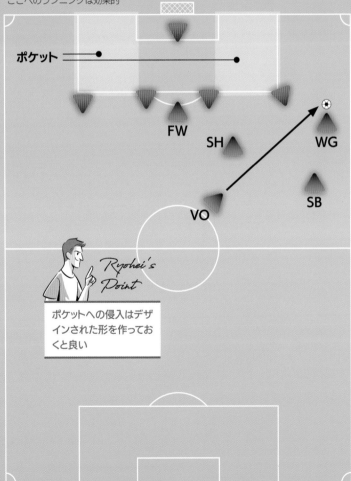

ポケット

FW

SH

WG

SB

VO

Ryohei's Point

ポケットへの侵入はデザインされた形を作っておくと良い

ボールの動き ➡
選手の動き ┄➡
ドリブル ↝

ニアゾーンは守備を難しくさせるエリア

ウイング（WG）にボールが入ったとき、サイドバック（SB）やインサイドハーフ（SH）と数的優位なシーンを作る説明をしましたが、このサポートの動きで有効なのがニアゾーンと呼ばれるポケットへのランニングです。ペナルティエリアのサイドに位置するこのゾーンへの侵入はゴールチャンスを多く作れます。なぜならポケットは守備の難しさが生まれるからです。折り返しのクロスやシュート性のパスは対応しづらく、しかも飛び込んでファウルをしたらPKを献上してしまう怖さがあるからです。

ポケットへのランニングで崩す

SHがポケットにランニングをしてWGはそこにボールを入れる。ポケットの侵入はもちろんSBのインナーラップでもOKだ

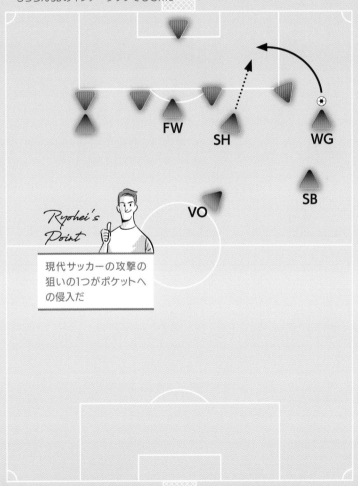

FW

SH

WG

SB

VO

Ryohei's Point

現代サッカーの攻撃の狙いの1つがポケットへの侵入だ

4-3-3の崩し④

コンビネーションで中央突破

5つの攻撃パターン③

ポストやワンツーで突破をはかる

中央突破はワンツーなどのワンタッチプレーが効果的。トップのポストを使いながら2列目が飛び出していく

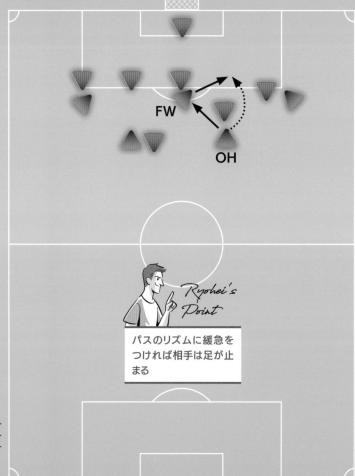

FW

OH

Ryohei's Point

パスのリズムに緩急をつければ相手は足が止まる

ボールの動き ➡
選手の動き ┈┈➤
ドリブル 〰➤

グループでの打開が中央突破のカギ

サイドだけでなく中央での崩しもパターンに入れておきましょう。ピッチの中央しかも相手ゴール前はとても強固な守備組織となっています。

ここを崩していくのは単独突破だけでは攻略できません。スーパーな選手がいたとしても1人で数人の相手を抜いてシュートまで運ぶのはそうそうできるものではないからです。ですので中央突破は味方とのコンビネーションプレーが必要です。ワンツーや3人目の動きを使って相手を惑わせましょう。

3人目の動きを織り交ぜ捕まえづらくする

パスを複数つないで最後はスルーパスで3人目が抜け出すプレーもトレーニングを積んでおきたい

WG

FW

OH

OH

Ryohei's Point

サポートポジションを考えながらポジショニングする

ATTACKING THIR

4-3-3の崩し⑤

逆サイドのハーフスペース へのクロスボール

5つの攻撃パターン④

前線へのランニングでディフェンスラインを下げる

SHがボールを持ったときに前線の選手は最終ラインの背後へランニング。WGがサイドでボールを受けた

WG

OH

FW

WG

SB

Ryohei's Point

相手のディフェンスラインを下げることを常に意識しよう

ボールの動き →
選手の動き ┈┈→
ドリブル →

逆サイドのポケットを狙うための仕掛け

　相手ディフェンスを左右に振ることで守備の対応を遅らせることができます。

　例えば左サイドでボールを持ったとき、味方が相手の最終ラインの背後にランニングをしてディフェンスラインを下げます。ボールはサイドの深いところに一旦運び、そのボールを戻してから逆サイドのハーフスペースやポケットを狙ってクロスを上げます。そこに外から走り込んだWGやSBが走り込んでフィニッシュまで持っていくパターンです。相手は背中を取られるので守備をするのが難しくなります。

クロスを上げて逆サイドの選手が走り込む

ディフェンスラインが下がったらSHにボールを戻しそこから逆サイドのポケットを狙ってクロス。逆サイドの選手が走り込む

WG

FW

FW

SB

WG

OH

Ryohei's Point

クロスの狙いは「逆サイドのポケット」など決め事を持っておこう

個における1対1の ドリブル突破

5つの攻撃パターン⑤

ディフェンスを剥がせる1対1のクオリティ

サイドでウイングがボールを受けての1対1。ここで高い確率で抜けることができればゴールチャンスはたくさん作れる

FW

WG

WG

Ryohei's Point

スピードがあるならそのスピードをどう活用すれば相手が抜けるのか考えよう

ボールの動き ➡
選手の動き ┄➤
ドリブル 〰➤

突破力と得点力が攻撃的な選手には最重要

　アタッキングサードに入ったらやはり重要なのは「個」になります。1対1でディフェンスをどれだけ剥がせるか、そのクオリティはとても大事です。日本代表で言えば三笘選手の個は世界でも認められてきています。また攻撃的な選手は得点を取って

こそ認められるところもあり、どれだけ1対1で突破できても最後の得点に結びつかないと結果を残したことになりません。ですのでゴールを決める能力をどうやって伸ばしていくか。そのクオリティを上げるために意識していかなければなりません。

アタッカーはドリブルの武器を持とう

アタッカーなら得意なドリブルを持っておきたい。絶対の自信が持てるくらい練習しよう

縦のドリブルと中へのカットイン。この2つを磨くだけでも武器になる

4-3-3の崩し⑦

引いた相手を崩すには
深い位置を取る

相手守備組織を崩す方法①

OK!

縦パスを入れていき
深い位置にボールを運ぶ

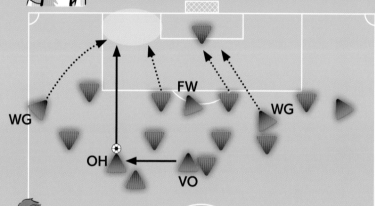

WG

FW

WG

OH

VO

Ryohei's Point

トップに向かってどんどん縦パスを入れていく。相手が引いているので奪われても怖くはない

深い位置を取ることで相手の背後を狙える。縦パスを入れていき守備の縦びを作ることが大切だ

ボールの動き ━━▶
選手の動き ┅┅▶
ドリブル 〰▶

相手の視野をいかに狭くするか

引いた相手を崩すのはトッププロからしても難しいところではあります。日本代表がアジアのチームと戦うときにとても多く見受けられます。攻略ポイントとしては、深い位置を取ることです。深い位置にどれだけボールを運べるかによります。深い位置でポケットまでボールを運べれば、相手は守備のときの視野が狭くなるためゴール前を確認できなくなるからです。ダメなのはパスを相手のディフェンスの前で外回しするだけのプレーです。U字を描くようなボール運びだと崩すことはできません。

NG ボールを「Uの字」を描くように外回しにすると崩せない

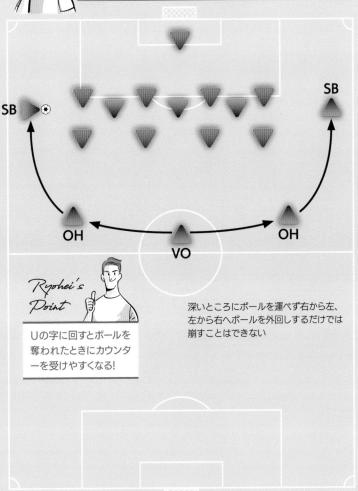

Ryohei's Point

Uの字に回すとボールを奪われたときにカウンターを受けやすくなる!

深いところにボールを運べず右から左、左から右へボールを外回しするだけでは崩すことはできない

ATTACKING THIR

4-3-3の崩し⑧

ウイングを外に張らせて質的優位な状況を作る

相手守備組織を崩す方法②

相手との1対1の場面をあえて作る

WGにストロングな選手がいるなら、サイドでの1対1をあえて作って勝負させる

WG

Ryohei's Point

1対1の状況を作るためにサポートの距離を長く取りスペースを広げるのもありだ

ボールの動き ➡
選手の動き ┈➤
ドリブル ➤

守備組織にズレを生む個の力

　相手が引いてくるチームなら、メンバー起用で変化を出すのも良いでしょう。両サイドのウイング（WG）にストロングポイントを持った選手をおいて、そこでの1対1で確実に勝って深い位置まで侵入。つまり質的優位（相手より能力で上回っている）な選手を置きます。

　1対1に絶対に自信を持っている選手が相手1人をかわせば、守備組織にズレが生まれてきます。もし相手がダブルチームを組んできたら、他のところが空くのでそこから攻めればいいのです。

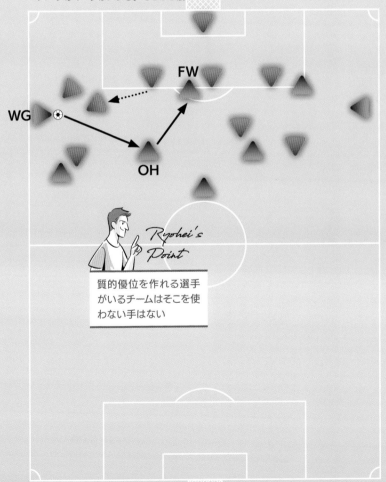

相手がダブルチームを組んできたら

相手のボランチがサポートに来てダブルチームを組んできた。そうするとインサイドハーフのマークがズレる。そこから崩していく

WG

FW

OH

Ryohei's Point

質的優位を作れる選手がいるチームはそこを使わない手はない

中盤の選手が身につけたいスキル①

ファーストタッチで切り返し

インサイドでパスの方向にタッチ

相手ディフェンスとの距離はあるが、見られている状態でボールを受ける

相手の逆をつくようにインサイドでパスが来た方向にファーストタッチ

相手が目の前にいるときは
ファーストタッチでかわしに行く

動画で
CHECK!

ボールを受ける前に認知と判断は忘れずに。相手の所作も確認し
ておく

相手を剥がして次のプレーに移る。一連の動きを相手に悟られな
いようにしよう

中盤の選手が身につけたいスキル②

オープンにコントロール

体を反転させながらコントロール

パスの出し手方向にボールを迎えに行く。しっかり周りを認知しておく

ボールが外側に逃げないように、足下に止まりすぎないようコントロールする

ボールを受けてから逆サイドに
展開するときに使うファーストタッチ

動画で
CHECK!

インサイドでボールを迎えながら体を反転させてファーストタッチ

ボールタッチ直後に顔を上げて視野を確保。逆サイドに展開して
いく準備を

中盤の選手が身につけたいスキル③

相手と入れ替わるファーストタッチ

前のスペースに運ぶインサイドタッチ

横からのボールを受ける準備。相手ディフェンスは強めのプレスをかけてきた

相手が行きたい方向の矢印とは逆方向にボールを押し出して突破する

ボールを前に運び出すようにして
相手と入れ替わるファーストタッチ

動画で
CHECK!

相手ディフェンスのプレスの様子を確認しつつボールをインサイドで迎える

フリーなスペースにボールを運びだせればディフェンスをかわしながら前進できる

フォワードが身につけたいスキル①

相手を背負ってのターン

アウトサイドターン

タッチする足を遠くにするため半身になる。ディフェンスが前に
出てこれないよう右手でブロック

インサイドターン

右手で相手を感じながら半身の姿勢を作ってボールを待つ

フォワードがディフェンスを背負いながら
前向きを作るためのファーストタッチ

動画で
CHECK!

アウトサイドでボールをタッチし斜め前に運ぶ。相手からボール
を隠すように体を使う

左足のインサイドで右方向にボールをタッチし素早くターンして
前を向く

フォワードが身につけたいスキル②

ボールキープからのターン

全身を使って相手からボールを守る

重心を落としつつ相手ディフェンスを背中で抑え込む。相手が前に出てこれないようにする

ボールを動かしながら相手ディフェンスに体重を預けるようにして徐々に横に進んでいく

相手ディフェンスを抑えながら
くさびのパスを受けてボールキープ

動画で
CHECK!

半身の姿勢になり遠い足でボールを受ける。体のバランスを崩さ
ないように

相手がボールの位置を把握できないくらいボールと相手の間に体
を入れてそのままターンする

フォワードが身につけたいスキル③

ポストプレー

ボールを収めて味方に落とす

味方からの縦パスを受けるために、予備動作を入れたあとにボールを受けにいく

ディフェンスに押されてもバランスを崩さないよう自分の重心を意識する

ゴール前でボールをしっかり
収められないとフォワード失格!

動画で
CHECK!

重心を落として相手ディフェンスが前に出てこれないよう体でブ
ロックする

前向きになっている味方にボールを落とし、次のプレーのために
動き出しを始める

ポストからパスを引き出す動き

落としからのプルアウェイの動き

縦パスを受けてキープした後、前向きになっている味方にパスを出す

オフサイドにならないように半円を描きながら、自分の前にスペースを作るように動く

ボールを落としたら終わりではない
次のプレーのために動き直す

動画で
CHECK!

パスを出したら動きを止めず、味方からスルーパスを貰えるよう
に動き出す

タイミングよくスルーパスが出たら、そのボールをコントロール
しゴールに向かう

ポストからの突破

3人目の動きを使ったコンビネーション

縦パスを受けに下りてくる。パスが出たタイミングに3人目の選手が動き出している

ボールを落としたら反転して次のプレーでパスが受けられるようにポジションを取る

味方のランニングを生かした
フォワードのポストプレー

動画で
CHECK!

ワンタッチで3人目の選手に落とす。3人目の走るスピードを考
えながらタッチを調整

3人目

3人目の選手と相手ディフェンスが入れ替わるように突破できれ
ば、相手を置き去りにできる

フォワードが身につけたいスキル⑥

懐に引き寄せるタッチ

前に行くフリをしてボールを迎える

ボールホルダーのほうに寄っていきボールを迎えるときに止まる

懐に寄せるようにインサイドでボールをタッチする

動画で
CHECK!

シュートに持っていくときに有効な
懐に引き寄せるファーストタッチ

インサイドでボールを迎えながら体を反転させてファーストタッチ

シュートの打ちやすいところに、相手ディフェンスが触れない場所にボールを置いてシュート

フォワードが身につけたいスキル⑦

相手の前に出るファーストタッチ

パスが弱くなったときの対処法

ボールホルダーの様子と相手ディフェンスの様子を見ながらポジションを取る

アウトサイドでボールをタッチし、相手の横をすり抜けるように前に運ぶ

ディフェンスの前でボールを触って
前に運んでいくファーストタッチ

動画で
CHECK!

パスが出たがボールが弱い。なので相手より先にボールに触るために前に出る

相手ディフェンスをかわしたらシュートまで持っていく

フォワードが身につけたいスキル⑧

ニアサイドへの入り方

背後を狙うフリをしてニアに走る

相手ディフェンスとの駆け引き。相手の背後を取ろうと外へ動き出す

相手ディフェンスの前に出て動く。パスを要求してスペースに走り込む

動画で
CHECK!

クロスボールを受けるフォワードの
ゴール前への入り方。基本のニアサイド

相手ディフェンスがその方向を警戒した瞬間に逆方向であるニア
サイドに向きを変える

ボールに歩幅を合わせてしっかりインサイドでミートする

フォワードが身につけたいスキル⑨

ファーサイドへの入り方

ニアのフリをして背後を狙う

ニアサイドに向かっていく。相手ディフェンスもその動きを確認した

相手ディフェンスの背中を取るようにランニングしていく

クロスボールを受けるフォワードの
ファーサイドへの入り方

ボールホルダーの状況を見ながら、軸足を踏み込んで方向転換

相手ディフェンスとゴールキーパーの前のスペースにボールが来
るのでタイミングをしっかり合わせよう

まとめ

ゴールを奪うために必要な崩しのテクニック

1 4-3-3の崩し

- サイドで2対1の数的優位な状況を作る
- ウイングが持ったらポケットにランニング
- コンビネーションで中央突破
- 逆サイドのハーフスペースへのクロスボール
- 個における1対1のドリブル突破
- 引いた相手を崩すには深い位置を取る
- ストロングポイントのウイングで質的優位を作る

2 中盤の選手が身につけたいスキル

- ファーストタッチで切り返し
- 逆サイドに展開するときのオープンコントロール
- 相手と入れ替わるファーストタッチ

3 フォワードが身につけたいスキル

- 相手を背負ってのターン
- ボールキープからのターン
- ポストプレーとパスを引き出す動き
- ポストからの突破
- ゴール前のシュートまでの動きとファーストタッチ
- ゴール前の入り方とワンタッチシュート

PART 5

守備のチーム戦術

守備の原則①

どこから守備をするのかを
チームで共有する

守備のチーム戦術の考え方

守備のライン設定と基準

前線と最終ラインの距離を縮め、コンパクトにする守備が現代サッカーでは重要

前線のライン

最終ライン

Ryohei's Point

前線と最終ラインが間
延びすると相手に好き
勝手にやられてしまう

ボールの動き ➡
選手の動き ┅➡
ドリブル 〜➡

プレスの位置や基準を明確にする

守備はチームコンセプトを考え共有することが重要です。チームとしてどこから守備をしていくのか、どこを奪いどころとするのか。それらの設定を決めましょう。

4バックの場合は4-4-2の形で守備をするほうが役割がはっきりしやすいです。前線がファーストディフェンダーとなり2列目がセカンドディフェンダーとなります。守備のやり方は様々ですが、ここでは一番シンプルで分かりやすい方法を紹介していきます。プレスの位置や基準を明確にすれば守備は身につけられます。

どこにボールが出たときに奪いにいくか

相手のサイドバック（SB）にボールが出たタイミングで一気に守備のスイッチを入れるなど共有しておく

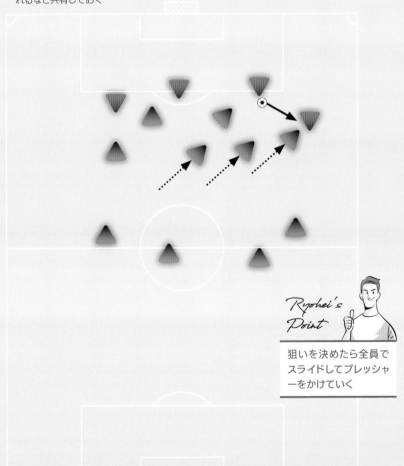

Ryohei's Point

狙いを決めたら全員でスライドしてプレッシャーをかけていく

守備の原則②

プレスをかけるライン設定は相手の実力で変える

プレスのタイミングとライン設定

相手の能力でライン設定を変更する

果敢にプレスに行くなら前めのライン設定。相手のビルドアップが上手ければ設定ラインを下げるなど調整する

前から行くライン設定

少し引いたライン設定

Ryohei's Point

ラインの基準を明確にしたら最終ラインはできるだけ上げてコンパクトにしよう

ボールの動き →
選手の動き ┈┈▶
ドリブル ﹀

トリガーを設定しチームで共有

　プレスの引き金となるトリガーをどこに設定するかとても大事になります。一番ポピュラーなのは相手のサイドバック（SB）にボールが渡ったタイミングです。相手のセンターバック（CB）に前線はプレッシャーをかけ、SBにパスが出されたときに

みんなで連動しスライドしてプレッシャーをかけに行きます。これらが共有できていればかなり守りやすくなります。このとき相手の能力次第でプレスラインを設定します。高めか少し下げるかはビルドアップが上手いかどうかで判断します。

相手のサイドバックにボールが入ったらプレスをかける

相手のSBにボールが渡ったときをトリガーに設定しプレスを連動させているシーン。
サイドハーフが相手SBにプレッシャーをかけ周りが連動する

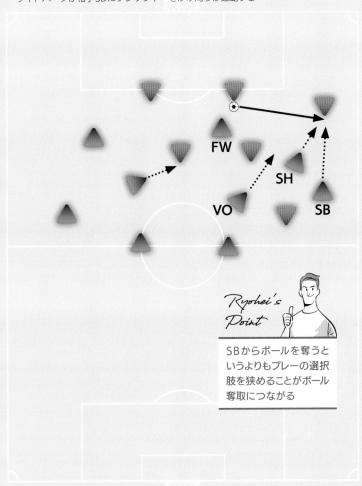

Ryohei's Point

SBからボールを奪うというよりもプレーの選択肢を狭めることがボール奪取につながる

守備の原則③

ボールホルダーにプレスを
かけたときのポジショニング

前線からのプレッシングの使い方①

中盤の選手は中に絞って閉める

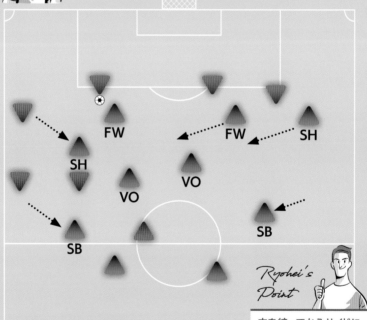

守備に入るときに中盤の選手
は一度中に絞って固めること
が重要。中を閉めて外に出さ
せることが大事

Ryohei's Point

中を絞ってからサイドに
プレスに行き全体を圧
縮させよう

ボールの動き ➡
選手の動き ┅┅➡
ドリブル ⌇➡

一度中を絞ってから動き出す

前線の選手が相手のボールホルダーにプレスをかけにいったとき、周りの選手のサポート位置が適切でないとプレッシングは成功しません。フォワード（FW）が1人でプレスをかけにいくだけで後ろが付いてこなければ意味がないのです。2列目の選手は一度中に絞って中央を固めます。相手に中央を突破させるのが一番の問題だからです。中に絞ってから前線の選手の動きに合わせ、相手がサイドにボールを出すのを見計らってそこを押さえに行きます。最終ラインはコンパクトにしましょう。

NG サイドに意識がいきすぎると中央を突破される

FW

FW

SH

SH

VO

VO

SB

Ryohei's Point

守備への切り替えが遅れたら、下がりながら中を絞ることを考える

守備の開始でサイドに意識がいきすぎてポジションを取ってしまうと中にボールを入れられて中盤のラインを突破されてしまう

守備の原則④

相手の弱点を狙って プレスをかけていく

前線からのプレッシングの使い方②

どちらのセンターバックが技術が高いか

左CBに右利きの選手を配置したとしたら、逆足の左足の精度が右足より劣る。左足でボールを持たせるようなプレスを狙うのも手だ

右CB　左CB

Ryohei's Point

事前にスカウティングで情報を得ておけばスタートから迷いなく狙える

ボールの動き ➡
選手の動き ┅➡
ドリブル ⮑

弱点を見定めて狙いを絞る

　相手チームのどこを狙い目にするのか。相手の弱点はどこなのかを考えて守備の狙いを決めるとボールを奪いやすくなります。例えば、相手のセンターバック（CB）のどちらのほうが足下の技術に難があるのかを見極めて、わざとそこへのパスを出させ

てからプレッシャーをかけていくという戦略です。トリガーをそこに設定してそのCBがボールを持った瞬間にプレス＆カバーで連動していきます。相手CBが苦手な足でボールを蹴るように仕向けるとパスミスを誘発することもできます。

足下の苦手なCBにボールを持たせる

相手の左CBの足下の技術が高くないとしたら、そこにボールが渡るようにプレスをかける。相手がボールを放り込むだけのプレーになればマイボールにできる

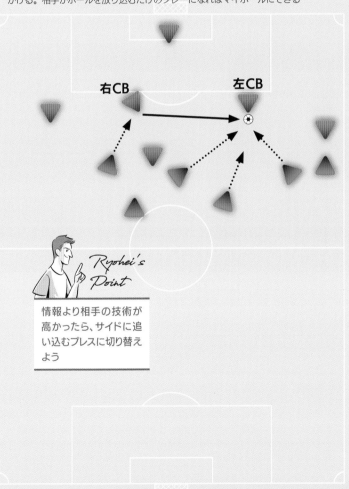

Ryohei's Point

情報より相手の技術が高かったら、サイドに追い込むプレスに切り替えよう

守備の原則⑤

試合の時間帯によって 守備の仕方を変える

前線からのプレッシングの使い方③

試合開始5分までは設定を考えずに前から行く

自分が指導しているチームでは、試合開始直後はゲームの主導権を握るためにも前から ガンガン行くことを決めている

Ryohei's Point

守備は選手にちゃんと基 準を与えて理解できて いれば誰でもできること!

ボールの動き ➡
選手の動き ┈➤
ドリブル ↘

立ち上がりは設定なしでガンガン行く

相手の実力によってプレッシャーのライン設定をすることは説明しましたが、試合の立ち上がりの5分、10分は前からどんどんつかみにいくことをおすすめします。スタートから圧をかけることで相手を勢いに乗らせないことにもつながります。少し時間が経ち疲れてきたなと思ったり、開始から15分経ったらライン設定を通常運転に戻します。このときの設定は相手の技術レベルも含め、試合中に変更できるように準備しておきたいものです。状況に応じて調整できるようにしておきましょう。

相手の状況が分かったら設定通りに変える

時間も経ち相手の能力が分かりビルドアップのレベルも高いと踏んだら、通常のライン設定にし中を絞ってからプレスに行く

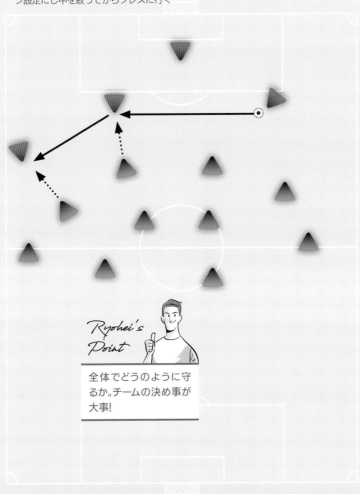

Ryohei's Point

全体でどうのように守るか。チームの決め事が大事!

3バックの場合の守備①

自陣では5バックを基準に守備ラインを形成する

3バックのメリットとデメリット

基本の3バックの状態から

攻撃時に3-4-2-1のシステムを組んでいる。守備時には相手のシステム（4-4-2）から位置取りを調整する必要がある

Ryohei's Point

3バックシステムのメリット、デメリットを把握しておくことが大事!

ボールの動き
選手の動き
ドリブル

相手を前からは捕まえづらい

3バックを組んでいるときの守備の特徴は、前からプレッシングをかけにいくのが難しくなる点です。なぜなら守備のときはウイングバック（WB）が最終ラインに入る5バックにすることが多いからです。WBは相手のサイドの選手のケアをするため下が

らざるを得ません。もし前からプレッシングで行くとするなら5-2-3の布陣にしますが前線が数的不利な状況なので中に絞ることが重要になります。ただ、後ろが5枚いるので守備のスライドや前への飛び出しができるのは利点です。

ウイングバックが下がり5バックになる

WBが最終ラインまで下りて5バックを形成する。最終ラインには厚みが出るが前線に人数が不足する問題が出てくる

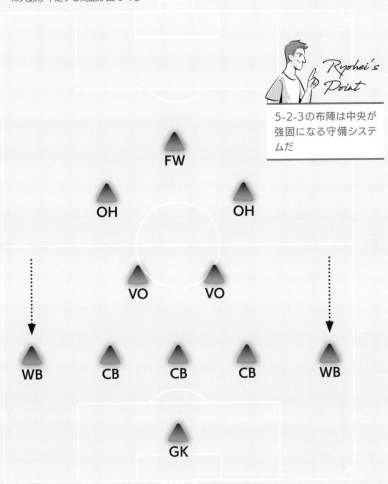

Ryohei's Point

5-2-3の布陣は中央が強固になる守備システムだ

DEFENSIVE TACTI

3バックの場合の守備②

数的不利なので前から
プレッシャーがかけづらい

3バックシステムでのプレッシング方法①

前線が数的不利な状況になる

相手の4バックに対してトップと2シャドーの3人で対応することになるため、5-2-3では前線のプレスがかかりづらい

FW

OH　　　　　OH

VO　　VO

WB　　CB　　CB　　CB　　WB

Ryohei's Point

プレスをかけるには相手のボールの動きに対して約束事を決めておく必要がある

ボールの動き ➡
選手の動き ┄➤
ドリブル 〰➤

ウイングバックの高さ調整と最終ラインのスライド

5-2-3のシステムは前からのプレスがかかりづらい。左図のような配置になると前線で数的不利な状況になり圧力をかけづらくなるからです。ですので、まずは中を閉めてコンパクトに守ることを考えましょう。中を守りつつ相手のサイドバック（SB）にボールが出たときに誰が出るのかの約束事を決めておきましょう。前からハメるならウイングバック（WB）が前に出て最終ラインがスライドして対応します。WBの高さの調整やプレスに出るタイミングなどを決めておくことが重要です。

相手のサイドバックにボールが出たらスライド

相手のSBにボールが出たらWBが前に出て最終ラインはスライドしてラインを作る。WBが前に出たとしても後ろは4枚いるので問題はない

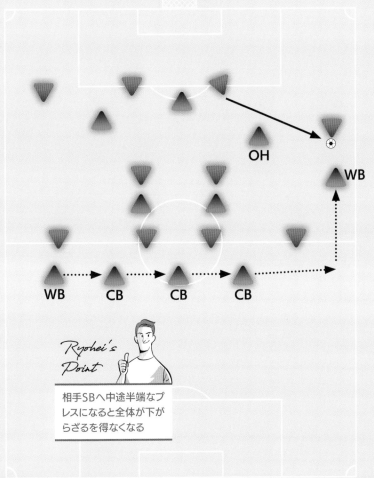

Ryohei's Point

相手SBへ中途半端なプレスになると全体が下がらざるを得なくなる

3バックの場合の守備③

トップから連動し誰が
トリガーになるか決める

3バックシステムでのプレッシング方法②

NG 相手CBをフリーにしてしまうと
前線に蹴られる

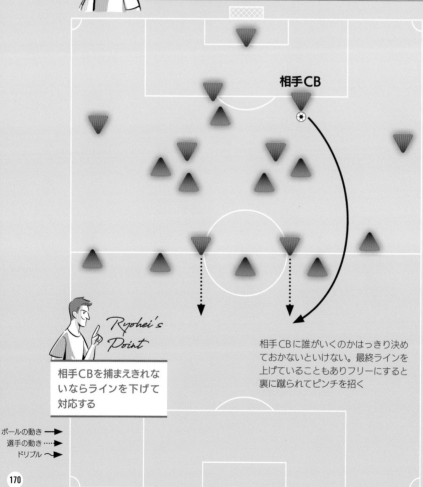

相手CB

相手CBに誰がいくのかはっきり決め
ておかないといけない。最終ラインを
上げていることもありフリーにすると
裏に蹴られてピンチを招く

Ryohei's
Point

相手CBを捕まえきれな
いならラインを下げて
対応する

ボールの動き ➡
選手の動き ┅➡
ドリブル 〰➡

170

相手センターバックをフリーにすると裏を狙われる

3バックを布陣したときの前線からのプレッシングでのポイントは、相手の2センターバック（CB）にトップともう1人のシャドーがプレスに向かうことです。シャドーが相手CBにいったのなら、同サイドのWBが必ず前に付いてくことを決め事に します。トップが連動のトリガーとなり、後ろがスライドしていきます。最終ラインを上げてコンパクトにしないとプレスがかからないためラインは上げていきますが、相手CBをフリーにすると裏のスペースにフィードを狙われるので注意が必要です。

OK!

相手CBへのプレスに
誰が行くのかはっきりさせる

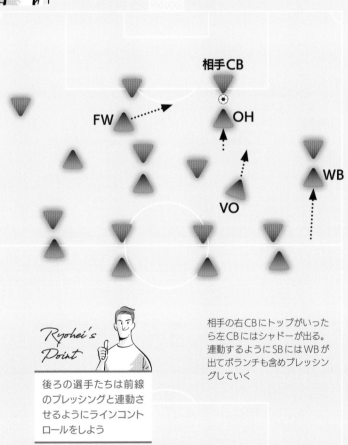

Ryohei's Point

後ろの選手たちは前線のプレッシングと連動させるようにラインコントロールをしよう

相手の右CBにトップがいったら左CBにはシャドーが出る。連動するようにSBにはWBが出てボランチも含めプレッシングしていく

自陣での守備

ゴール前まで突破されたら「L」のポジションで守る

自陣に突破された場合の守備方法

自陣のアタッキングサードに侵入されてしまった

相手に自陣の深いエリアまで突破されてしまった。味方のCBを中心にどのように守ればいいのだろうか

Ryohei's Point

後ろ向きなので相手を捕まえづらい状況だが決め事があれば対応できる!

VO

VO

CB

CB

CB

WB

ボールの動き ▶
選手の動き ┄┄▶
ドリブル ⌐▶

2センターバックとボランチがゴール前に陣取る

これは4バックや3バックでもどんな守備のときにも言えることではありますが、一度最終ラインを突破されて自陣深くまで攻め込まれたときは、「L」のポジションを取って対応します。「L」のポジションとは、右図のように2センターバック（CB）がゴールエリアまで戻りボランチのがファーサイド側のエリア内まで戻る位置取りです。CBはニアとファーポスト前に陣取り空いたスペースをボランチがケアします。これを徹底しておくだけで突破されてもゴールを守ることができます。

ゴール前に「L」字を描くようにポジションを取る

ゴール前に「L」字を描くようにポジションを取る。2CBがゴールエリア内、ボランチも下りてケアする

Ryohei's Point

どこに戻ればいいかが分かれば迷いなくポジションが取れる

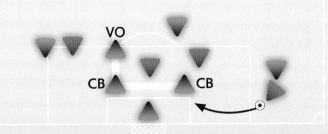

プレスの位置などの守備戦術を
チームで共有し連動させる

1 守備の原則

- プレスの位置や基準を明確にチームで共有する
- プレスをかけるラインは相手の実力で設定を変える
- ボールホルダーにプレスをかけたときのポジショニング
- 相手の弱点を狙ってプレスをかける
- 時間帯でプレスの設定を変える

2 3バックにしたときの
守備のポジショニング

- 5バックを基準に守備ラインを形成する
- 3バックでのプレスのかけ方とスライド
- トップから連動しトリガーを決める
- ゴール前では「L」のポジションで守る

PART 6

トランジションの戦術

ポジティブトランジション①

守備から攻撃への切り替えが
ポジティブトランジション

トランジションのときの優先順位

守備で相手からボールを奪い攻撃に転じる

自陣で相手からボールを奪ったら守備から攻撃に転じる。これをポジティブトランジ
ションという

Ryohei's Point

守備をしながらでも攻撃のことを考えながらプレーすることが大事!

ボール奪取!

ボールの動き ➡
選手の動き ┅➤
ドリブル ➤

相手の陣形が崩れているかを確認

　トランジションは切り替えを言いますが、守備から攻撃へ切り替えるポジティブトランジションと攻撃から守備へ切り替えるネガティブトランジションがあります。ここではポジティブトランジションを説明します。攻撃に切り替えるときの第一優先は前を狙うこと。相手の陣形が崩れているのなら相手の裏を狙いましょう。ボールを奪われた瞬間というのは陣形が崩れていることが多く、良い状態で奪えたなら前のスペースを狙って周りはランニングを始めましょう。

陣形が崩れている相手の裏を狙う

相手は攻撃をしているので後ろの選手が上がって陣形が崩れていることが多い。ボールを奪ったら相手の陣形の穴（スペース）を狙っていきたい

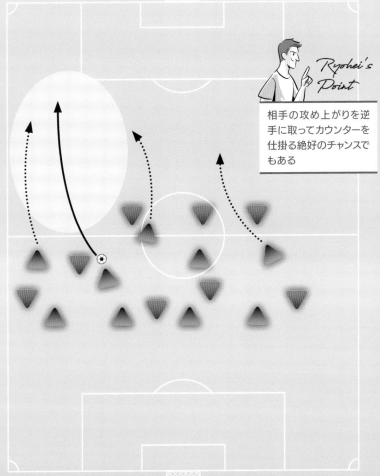

Ryohei's Point

相手の攻め上がりを逆手に取ってカウンターを仕掛ける絶好のチャンスでもある

TRANSITION

ポジティブトランジション②

良い状態と後ろ向きの状態で奪ったときの攻撃の違い

トランジションのときの状況判断

良い状態でボールを奪えたとき

相手から前向きの良い状態でボールを奪えた。このときは前を果敢に狙ってカウンターを仕掛けたい

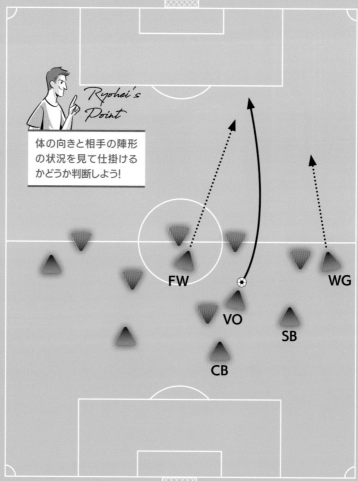

Ryohei's Point

体の向きと相手の陣形の状況を見て仕掛けるかどうか判断しよう！

FW　WG　VO　SB　CB

ボールの動き ➡
選手の動き ┄➡
ドリブル 〰➡

後ろ向きなら無理して前を目指さない

相手からボールを奪ったときに良い状態で奪えたときは裏のスペースを狙った攻撃が有効ですが、状況的にボールを奪ったとしても後ろ向きで前を向くのが厳しい状態なら周りの選手はサポートに入ってあげましょう。ボールを奪った選手からボールを受けたらボールポゼッションの流れに入ります。

後ろ向きなのに無理をしてボールを前に蹴ってもチャンスには結びつきません。無理ならやり直して次の攻撃の機会を作るほうが正しい選択となるでしょう。

後ろ向きの状態でボールを奪えたとき

ボールを奪ったが後ろ向きの状態。無理に前を向いて狙うよりはサポート選手にボールを落としてビルドアップしていくほうがリスクは低い

Ryohei's Point

ボールホルダーに対してパスコースを作るためにサポート選手はポジションを取り直そう!

ポジティブトランジション③

前線の選手はまずは
背後を狙う意識を持とう

トランジションでのトップの状況判断

OK!

ボールホルダーがパスを出せる状態

ボールホルダーが顔を上げた
瞬間にトップの選手は裏への
スペースに動き出す

FW

WG

OH

Ryohei's Point

ボールホルダーが顔を
上げたときに相手ディフ
ェンダーと駆け引きをし
て動き出す

ボールの動き ➡
選手の動き ┈➡
ドリブル ➡

ボールホルダーの状態を見る

　自陣で味方がボールを奪ったら、トップの選手はまずは相手の背後を狙うための動き出しを考えます。この動きがなければボールを奪えた選手がたとえ良い状態だとしても前を狙うことはできません。相手の陣形が崩れているので穴は見つかるはずです。

　このとき見るべき点はボールホルダーがパスを出せる状態なのか、それともヘッドダウンしていて前が見えていないかどうかです。ボールが出せない状態で走っても意味はありません。ボールホルダーが顔を上げた瞬間に動き出すことが重要です。

ボールホルダーが
ヘッドダウンしている状態

ボールホルダーがヘッドダウンしているのに走ってもボールは出てこない。このときはサポートポジションに入るほうがいい

FW

WG

OH

ヘッドダウン

Ryohei's Point

ボールホルダーを見ずにマークに付くディフェンスと駆け引きをしても意味がない!

守備をしているときも ポジショニングを考える

トップのポジショニングの考え方

攻撃に切り替えることを考えたポジショニング

トップは相手センターバック（CB）の視野から外れる位置を意識しながら守備をする。
攻撃に切り替えたときにすかさず裏を取れるよう準備する

派手な動きをするので
はなくふとした瞬間に視
野から外れているくらい
がいい

ボールの動き ➡
選手の動き ┅▶
ドリブル ⌇▶

守備をしながらでも攻撃のことを考える

ボールを奪ってからカウンターを成功させるには、ボールを奪ってからの動きやプレーだけではなく奪う前のポジショニングが大事です。守備をしているときにトップの選手がボールだけを見てボーッとしていたら味方が奪ったとしても動き出しが遅れてしまいます。ですのでトップは常に攻撃に転じるタイミングをはかりながら、相手の視野から隠れるような立ち位置を取るようにしましょう。良いポジショニングが取れていれば味方が奪った瞬間に、ベストな動き出しをすることができます。

相手の視野から外れたポジションを取るメッシ

メッシは守備をせずに前線をフラフラしているように見えるが、じつは相手から外れた位置にポジションを取り攻撃のときに前向きになれるようにしている

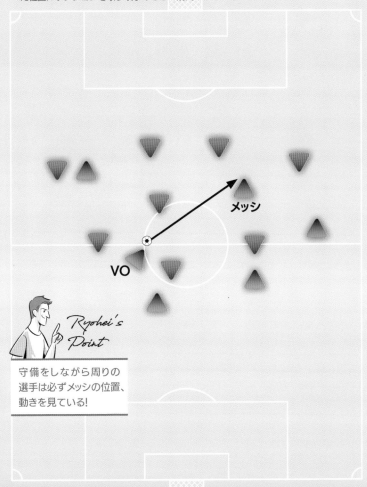

メッシ

VO

Ryohei's Point

守備をしながら周りの選手は必ずメッシの位置、動きを見ている!

ネガティブトランジション①

攻撃から守備への切り替えが ネガティブトランジション

トランジションの事前準備

相手にボールを奪われたら即時奪還

攻撃をしていて相手にボールを奪われたら、すぐに守備に移れるようにしておこう。
即時奪還が一番有効だ

FW

Ryohei's Point

攻撃をしながらでも守
備のことを考えてプレー
しよう

ボールの動き ➡
選手の動き ┅➡
ドリブル ⤳

ボールを奪われたあとのことを考える

攻撃から守備への切り替えがネガティブトランジションです。この切り替え時に大事になるのがボールを奪われた選手が最初に相手にプレッシャーをかけることです。ボールを奪われたあとに足を止めず相手に向かうことが重要です。ここでサボってし

まうと一気に攻め込まれてしまいます。また、相手のカウンターを防ぐためにも周りの選手はボールを奪われることも想定したポジショニングを事前に取っておくようにします。守備に転じたときに対応できるようにしておくことが大切です。

ボールを失った選手がボールにプレッシャーをかける

相手にボールを奪われた瞬間に、近くにいるボールを奪われた選手がファーストディフェンダーとしてプレスをかけていく

FW

Ryohei's Point

ボールを失って「アーッ」とショックを受ける時間なんてない

ネガティブトランジション②

ボールを奪われ攻められることのリスクを考える

チーム全体でのリスク管理①

相手ボールになったときの各ポジショニング

相手ボールになったら近くの選手がプレスをかけ中盤の選手が連動する。最終ラインはラインをコントロールし陣形をコンパクトにして守る

ボールの動き ➡
選手の動き ┈┈▶
ドリブル ◠▶

Ryohei's Point

後ろが安定すれば前の選手は果敢にプレッシングをかけにいける

最終ラインのポジショニングが重要

　相手のボールホルダーに近くの選手がプレッシャーをかけにいった。その周囲の選手もパスコースを埋めに行く。もっと後ろの最終ラインの選手はコンパクトな陣形を保つためにラインコントロールをします。切り替えとしてはバッチリですが、ベストなのはボールを奪われる前にリスク管理をしておくことです。攻撃しながら次の守備のことを考えながらポジションを取るのです。この後ろの選手のリスク管理ができていれば攻守が変わっても慌てることはありません。優位な試合運びができるのです。

相手に攻撃されても対応できるポジショニング

最終ラインが安定していればもし前にボールを運ばれてもそれほど不安はない。焦らず守備をしていけばいい

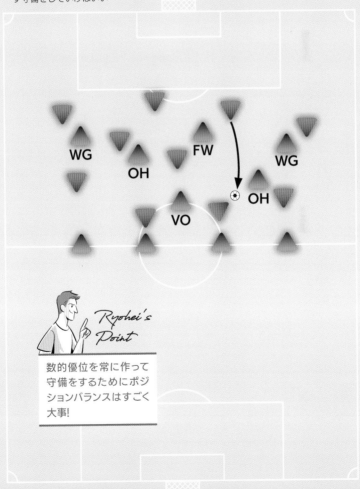

Ryohei's Point

数的優位を常に作って守備をするためにポジションバランスはすごく大事!

ネガティブトランジション③

立ち位置が整理されていれば大崩れはしない

チーム全体でのリスク管理②

OK!

2CBと1ボランチで数的優位を作って対応

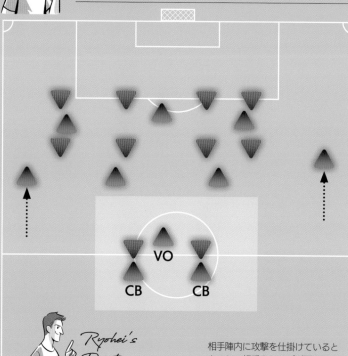

VO

CB　　CB

ボールの動き ▶
選手の動き ┅▶
ドリブル ⌐▶

Ryohei's Point

SHが下がって2ボランチにしてケアしておくとよりリスク管理になる

相手陣内に攻撃を仕掛けているときでも、相手2トップが戻っていないならそこに2CBでアンカーの3枚は残してケアしておこう

相手のトップに対して数的優位を作れる状態に

相手陣内で攻撃しているときは4-3-3のシステムであれば3トップとインサイドハーフ（SH）、サイドバック（SB）も攻撃参加することが多いです。その状態でリスク管理をするのですが、相手が4-4-2だとしたら相手の2トップに対して数的優位を作っておく、ケアしておくことが大事になります。2センターバック（CB）とアンカー（VO）の3枚で相手2トップをケアします。全体のポジションバランスを考えながら立ち位置を整理し、リスク管理をしておけば大崩れはしません。

NG

数的同数の状態だと崩される
リスクが生まれる

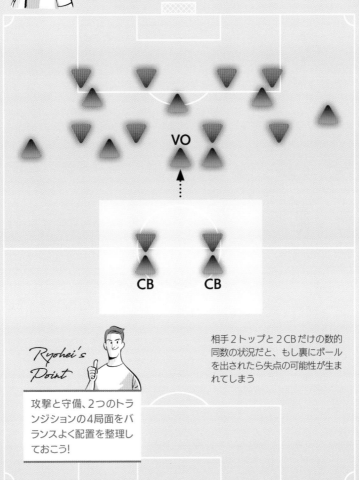

VO

CB　　CB

Ryohei's Point

攻撃と守備、2つのトランジションの4局面をバランスよく配置を整理しておこう！

相手2トップと2CBだけの数的同数の状況だと、もし裏にボールを出されたら失点の可能性が生まれてしまう

現代サッカーでは最重要!
トランジションの戦術

1 ポジティブトランジション

- 守備から攻撃への切り替え
- 相手の陣形が崩れていたら裏を狙う
- ボールを奪った状態による切り替え方法
- 前線の選手は背後を狙う意識を持つ
- 守備をしているときから攻撃を考える

2 ネガティブトランジション

- 攻撃から守備への切り替え
- 相手にボールを奪われたら即時奪還を目指す
- ボールを失った選手がボールにプレッシャーをかける
- 相手に攻められることのリスクを考えてプレーする
- 立ち位置が整理されていれば大崩れはしない
- チーム全体でリスク管理をする

●プロフィール

林 陵平 (はやし りょうへい)

1986年9月8日生まれ。東京都出身。
ジュニアからユースまでヴェルディ下部組織育ち。高校卒業後明治大学に進学。2009年に東京ヴェルディに入団。2010年に柏レイソルに完全移籍し、2012年にモンテディオ山形（期限付き移籍）、2017年に水戸ホーリーホックへと移り、2018年に東京ヴェルディに復帰。その後、FC町田ゼルビア（期限付き移籍）、東京ヴェルディ、ザスパクサツ群馬（期限付き移籍）と移ったあと、2020シーズンをもって現役を引退。引退後はサッカー解説者となる。2021年に東京大学運動会ア式蹴球部の監督に就任。2023年シーズンをもって退任した。
Jリーグ通算300試合67得点
JFA A級コーチジェネラルライセンス取得

●撮影協力

東京大学運動会ア式蹴球部

左から
矢島隆汰　八代 快　竹内拓夢　上原真路

●STAFF

取材・構成　城所大輔
カバー・本文デザイン　小山 巧 (志岐デザイン事務所)
撮影　斉藤 豊
イラスト　ハヤシナオユキ
編集協力　多聞堂

サッカー　局面を打開するデキる選手の動き方

2023年12月1日　第1刷発行

著　者　林　陵平
発行者　吉田 芳史
印刷所　株式会社 光邦
製本所　株式会社 光邦
発行所　株式会社 日本文芸社
　　　　〒100-0003　東京都千代田区一ツ橋1-1-1 パレスサイドビル8F
　　　　TEL03-5224-6460　[代表]

内容に関するお問い合わせは、小社ウェブサイト
お問い合わせフォームまでお願いいたします。
URL https://www.nihonbungeisha.co.jp/

©Ryohei Hayashi 2023
Printed in Japan 112231117-112231117 Ⓝ01 (210120)
ISBN978-4-537-22152-7
編集担当　岩田裕介